# SCM

## Stiftung Christliche Medien

SCM ist ein Imprint der SCM Verlagsgruppe, die zur
Stiftung Christliche Medien gehört, einer gemeinnützigen
Stiftung, die sich für die Förderung und Verbreitung christlicher
Bücher, Zeitschriften, Filme und Musik einsetzt.

© 2024 SCM Verlag in der SCM Verlagsgruppe GmbH
Max-Eyth-Straße 41 · 71088 Holzgerlingen
Internet: www.scm-verlag.de; E-Mail: info@scm-verlag.de

Soweit nicht anders angegeben, sind die Bibelverse folgender Ausgabe entnommen:
Neues Leben. Die Bibel, © der deutschen Ausgabe 2002 und 2006
SCM R.Brockhaus in der SCM Verlagsgruppe GmbH Holzgerlingen
Weiter wurden verwendet:
Das Buch. Neues Testament, Psalmen, Sprichwörter – übersetzt von Roland Werner,
© 2022 SCM R.Brockhaus in der SCM Verlagsgruppe GmbH, Holzgerlingen (DBU)

Gesamtgestaltung: Franka Röhm, www.frankadesign.studio
Illustrationen: freepik.com/ freepik, pikisuperstar, harryarts
Druck und Verarbeitung: Grafisches Centrum Cuno GmbH & Co. KG
Gedruckt in Deutschland
ISBN 978-3-7893-9923-7
Bestell-Nr. 629.923

Annegret Prause (Hrsg.)

# Zeit der Lichter und Geschichten

WEIHNACHTSGESCHICHTEN
ZUM LESEN UND VORLESEN

SCM

# Eine Einladung

Advent und Weihnachten – das ist die Zeit, mit der man viele Erinnerungen und viele Erwartungen verknüpft. Muße, Ruhe, Besinnung aufs Wesentliche ... das sind einige der Dinge, die wir uns wünschen und vor Augen haben, wenn die letzten Wochen des Jahres heranrücken. Aber das sind auch die Dinge, die in der gelebten Weihnachtshektik zuerst verloren gehen. So schnell passiert es, dass die Tage bis zum Heiligabend in einem Strudel aus Terminen, Erledigungen und immer länger werdenden To-do-Listen verfliegen und man das Eigentliche völlig aus dem Blick verliert.

Was hilft? Geschichten.

Wer sich einen kurzen oder längeren Augenblick Zeit nimmt, um eine Geschichte zu lesen, vorzulesen oder vorgelesen zu bekommen, der hält die Zeit an – und sei es nur für eine kleine Weile. Geschichten schaffen das. Sie nehmen uns mit auf eine Reise, öffnen uns die Augen und das Herz und bringen etwas in uns zum Klingen. Und Weihnachtsgeschichten schaffen das auf eine ganz besondere Weise.

In dieser Sammlung zum Lesen und Vorlesen treffen ganz unterschiedliche Texte aufeinander: kurze Geschichten und längere Erzählungen. Humorvolles und Nachdenkliches. Klassiker und unbekannte Namen. Geschichten aus vergangenen Zeiten und Texte aus unseren Tagen. Manche perlen fröhlich von den Seiten, andere sind kantiger, ungewohnter und man muss sich auf sie einlassen. Sie erzählen vom Schenken, von Hirten und Engeln, von Königen, Weisen und dem Kind in der Krippe.

So unterschiedlich wie ihre Autorinnen und Autoren und die Zeiten, in denen sie geschrieben wurden, so unterschiedlich sind auch die Geschichten. Aber in allen funkelt etwas: die Botschaft der Freude, der Hoffnung und Liebe. Gott wurde Mensch. Diese Geschichte wird seit 2000 Jahren erzählt und noch immer kann sie uns mitten in unserem eigenen Leben begegnen und berühren.

Dieses Buch ist eine Einladung zum Stöbern und Entdecken. Viele der Geschichten eignen sich gut zum Vorlesen, zur Orientierung ist im Inhaltsverzeichnis die ungefähre Vorlesedauer angegeben. In manche Texte und Erzählungen kann man sich selbst vertiefen – oder sich an einem der Gedichte und Gedanken freuen, die zwischen den Geschichten versteckt sind.

Dieses Buch ist auch eine Einladung dazu, gelegentlich die Zeit anzuhalten. Zumindest für einige Augenblicke. Und wer weiß, vielleicht entzündet sich genau in diesen Augenblicken ein Weihnachtsfunke, der etwas von der Botschaft der Freude, der Hoffnung und Liebe aufleuchten lässt. Denn Geschichten schaffen das.

*Annegret Prause*

# Inhaltsverzeichnis

*Die Zeitangaben geben die ungefähre Vorlesedauer an.*

# Advent

2 MINUTEN

# Unterwegs

BIANKA BLEIER

Warten hat seine Zeit. Aufbrechen hat seine Zeit ...
Aufbruch.
Vertrautes hinter sich lassen.
Manchmal erweist sich der Weg
zurück zu den Wurzeln
als Weg nach vorn.
Aber unabhängig von unseren Heimatwurzeln
haben wir eine Heimat im Himmel,
aus der wir stammen, nach der wir uns sehnen,
wo Gott Wohnungen für uns bereitet.
Ich will mich auch auf den Weg machen,
mit leichtem Gepäck.
Der Weg ist weit.
Ich will loslassen, was mir zur Last geworden ist,
was mich behindert auf meiner Lebensreise.
Ich blicke zurück auf die Wegstrecke,
die hinter mir liegt.
Dann richte ich den Blick nach vorn.
Neuland,
wohin ich sehe.
Unterwegs.

Gott ist unterwegs zu uns Menschen.

Maria und Josef unterwegs zu dem Ort, der ihnen seit
sehr langer Zeit bestimmt ist.

Engel sind unterwegs, die Linie zwischen Himmel und Erde zu
durchbrechen.

Hirten sind unterwegs, das Kind im Stall zu suchen.

Ein Stern ist unterwegs, den König der Welt anzuzeigen.

Sterndeuter sind unterwegs, dem fremden König zu huldigen.

Himmel und Erde sind in Bewegung.

Gott kommt auf uns zu.

Bewegt von Liebe.

Wer nicht aufbricht, wird nicht ankommen.

Nicht bei sich selbst, nicht bei dem Kind im Stall, nicht bei
seinem Nächsten.

Ich gehe meinen ganz persönlichen Weg durch die Adventstage.

Ohne Eile, aufnahmebereit, wenn etwas geschieht.

Unter all den möglichen Wegen suche ich meine Spur.

Advent ist, wo Gott und die Welt aufeinander zugehen.

6 MINUTEN

# Vier Adventskränze zu viel

WIELAND SCHMID

In diesem Jahr gibt es bei uns keinen Adventskranz!", verfüge ich. „Der Weihnachtsbaum reicht. Ein Adventskranz ist ein Staubfänger. Zudem blockiert er unseren Tisch. Wo soll ich meinen ganzen Papierkram ausbreiten, wenn der Adventskranz auf dem Tisch steht? Dazu kommt die zusätzliche Brandgefahr. Adventskranz? Nein danke!" Natürlich meldet die Familie Protest an. „Adventskranz, ja bitte!", tönt es mir entgegen. „Wir können ihn wieder, wie im letzten Jahr, über die Tür hängen", wird vorgeschlagen.

Wie kurz doch das menschliche Gedächtnis ist! Im letzten Jahr löste sich der Haken, an dem der Kranz hing, gerade in dem Moment, als Tante Rosemarie über die Schwelle trat. Sicher war die Erschütterung daran schuld. Tante Rosemarie ist eine energische Person. Glücklicherweise brannten am Kranz nicht auch noch die Kerzen. Na ja, sie sah nicht schlecht aus mit dem Kranz auf dem Kopf. Wie ein Feldherr, wie Cäsar. Nein, in diesem Jahr also keinen Adventskranz, trotz Erinnerungen und Tradition.

Eigentlich hätte ich klüger sein müssen, hätte wissen müssen, wie es kommen würde, wie es kommen musste. Zum guten Schluss, das heißt am Samstag vor dem ersten Advent, hatten wir nicht einen, sondern fünf Kränze im Haus. So werden heutzutage Beschlüsse eines Familienoberhauptes respektiert. Dass Karin, Peter und Evchen je einen Kranz, wenn auch in unterschiedlichen Größen anschleppten, konnte ich zur Not verstehen. Dass aber auch Jutta, meine Frau, ein wahres Monstrum an Kranz anbrachte, enttäuschte mich zutiefst. Wenn nicht einmal sie mehr ein Vorbild gab und meine Entscheidungen respektierte!

Der aufmerksame Leser wird nun kurz nachrechnen und dabei feststellen, dass es eigentlich vier Kränze sein müssten und nicht fünf. Wie kommt ein fünfter Kranz ins Haus? Nun ja, man will kein Spielverderber sein. Einen kleinen Adventskranz hatte ich heimlich aus der Stadt mitgebracht. Nur so, zum Abgewöhnen …

Zurückbringen konnten wir unsere Kränze nicht. Das Einzige, was zu tun blieb, war, den entsprechenden Zierrat zusammenzutragen. Kerzen hatten wir genug im Haus. Seltsamerweise auch alle anderen Utensilien, Bänder, Zapfen und so fort. Offenbar hatte da jemand aus der Familie Vorratspolitik betrieben. Man weiß ja nie, wie die Zeiten werden. Jeder packte mit an, steuerte seine Vorstellungen bei, und zuletzt waren wir im Besitzt von fünf wunderschönen, festlich-bunten Adventskränzen. „So viele hatten wir ja noch nie!", strahlte Evchen. Natürlich konnten wir sie unmöglich alle behalten. „Wir wollen es schließlich nicht übertreiben", mahnte ich, „wer viele hat, gebe dem, der keine hat." So eine Redensart. Evchen schaute mich an und lachte. „Gut", sagte sie, „dann fragen wir im Haus herum, wer keinen Kranz hat, und wer ohne ist, der bekommt einen von uns." Ich wollte abwehren, aber die anderen stimmten begeistert zu. „Frau Brinkmann in der Dachwohnung hat sicher kein Geld für einen Adventskranz", meinte Karin.

„Familie Warth neben uns hatte in diesem Jahr viele Ausgaben durch ihren Umzug", gab Peter zu bedenken, „vielleicht kommt unser Kranz da gerade recht."

„Moosmüllers gegenüber werden auch nicht viel Geld übrig haben, nachdem er seit Sommer in Rente ist", sagte Jutta. Ich hatte immer noch Bedenken. „Es könnte nach einem Almosen aussehen." Die anderen lachten. „Ein Adventskranz ist doch kein Almosen! Niemand käme auf eine so verrückte Idee!" Niemand? Außer mir! „Also gut", lenkte ich ein, „geht mit euren Kränzen hausieren. Ich habe noch zu tun."

Sie schleppten mich dann doch mit, zuerst gegen meinen Protest. Und es wurde ein Nachmittag, den ich nicht vergessen werde. Frau Brinkmann war so gerührt, dass ihr ein paar Tränen über die runzligen Wangen rannen und sie uns für den Sonntag zum Kaffee einlud. Familie Warth drückte uns eine Büchse Lebkuchen in die Hand und stand dann strahlend um den Kranz herum, als sei der Wunder was und eine Kostbarkeit von unermesslichem Wert.

Von Herrn Moosmüller erfuhren wir, dass seine Frau seit vier Tagen in der Klinik lag und vorgestern operiert wurde. Ja, es gehe ihr den Umständen entsprechend gut, sagte er. Morgen dürfe er sie wieder besuchen. Für eine halbe Stunde. „Ich werden den Adventskranz mitnehmen, und wir feiern zusammen an ihrem Bett. Das wird ein besonders schöner erster Advent nach all den Sorgen der letzten Wochen!" Wir sagten, dass wir auch dieser Meinung seien und dass wir ihm für seine Frau noch etwas mitgeben wollten. „Dass es so etwas heute noch gibt!", rief Herr Moosmüller. In seiner Stimme schwang ein ganz seltsamer Ton mit. „Dass Sie extra Geld für uns ausgegeben haben, damit wir auch in diesem Jahr einen Kranz zum Advent haben! Es gibt doch noch gute Menschen mit viel Liebe ..."

Mir steckte ein Kloß in der Kehle, und die anderen, Jutta, Peter, Karin und Evchen, hatten vor Verlegenheit knallrote Ohren. „Aber", wollte ich schon beginnen, doch Herr Moosmüller winkte mit der Hand ab. „Ich weiß schon, was Sie sagen wollen, irgendeine Ausrede, nein, ich weiß es ja, gute Menschen sind immer auch bescheiden ..."

Wir sprachen an diesem Tag lange nichts mehr. Erst beim Essen löste sich der Bann. „Ein Tadel ist schlimm", sagte Karin leise, „aber ein unverdientes Lob ist schlimmer."

Wir anderen nickten nur. Nach einer Weile sagte ich: „Fürs nächste Jahr wollen wir uns vornehmen: wieder fünf Adventskränze!"

# Advent

## RAINER MARIA RILKE

Es treibt der Wind im Winterwalde
die Flockherde wie ein Hirt,
und manche Tanne ahnt, wie balde
sie fromm und lichterheilig wird;
und lauscht hinaus. Den weißen Wegen
streckt sie die Zweige hin – bereit,
und wehrt dem Wind und wächst entgegen
der einen Nacht der Herrlichkeit.

# Advent heißt Ankunft

### KURT H. MÖLLER

Tante Dorette kommt zu Besuch", mit belegter Stimme und einer Mischung aus Freude und ängstlichem Respekt hatte Mutter es angekündigt. Tante Dorette, von der man nur mit Hochachtung und Ehrfurcht sprach, auch wenn sie nicht dabei war. Sie war die jüngste Schwester der Großmutter gewesen und hatte es verstanden, sich so rar zu machen, dass ihre Persönlichkeit nicht in die Niederungen menschlicher Begegnung geraten konnte; aber durch Briefe, Telefonate und seltene Besuche so viel Kontakt gepflegt, dass sie nicht ganz in Vergessenheit geriet. Man sprach von ihr nur im Flüsterton und so, als könnte sie alles sehen und mithören, obwohl sie mehrere Hundert Kilometer entfernt wohnte. Sie hatte auch nicht angefragt, ob sie kommen dürfe, ob ihr Besuch genehm sei. Nein, sie hatte im letzten Brief nur mitgeteilt, dass sie zu kommen gedenke und am Bahnhof am Soundsovielten abgeholt zu werden wünschte. Dass es unpassend sein könnte oder in der Familie gar etwas anderes zu dem Termin geplant wäre, schien ihr gar nicht in den Sinn gekommen zu sein.

„Tante Dorette kommt" war die keinen Widerspruch duldende Mitteilung der Mutter gewesen, der sich wie selbstverständlich alle Familienangehörigen, der Vater ebenso wie die fünf Kinder, unterzuordnen hatten. „Tante Dorette kommt" war das Thema beim Frühstück, auf dem Schulweg, beim Mittagessen und beim Spielen, beim Zähneputzen und Abendbrot, ja auch noch im Schlafzimmer der Eltern. Fast wie eine Drohung klang es: „Tante

Dorette kommt", obwohl sich auch Freude daruntermischte, besonders bei den kleinen Geschwistern. Denn geizig war sie nicht, die Tante. Für die Kinder hatte sie ein Herz. Sie brachte Geschenke und Süßigkeiten mit und auch manchen Groschen für die Sparbüchse. Nur Widerspruch duldete sie nicht. So löste die Parole „Tante Dorette kommt" in gleicher Weise Freude und frohe Erwartung wie ängstliches Bangen und bedrückende Stille aus. Sie würde den Alltag grundlegend verändern. Ungenauigkeiten duldete sie ebenso wenig wie Großzügigkeit im Umgang mit Wahrheit und Arbeitseifer. Nein, sie war Respektperson und geliebte Patentante in einem; etwa wie ein strafender Polizist, der Verkehrssünder notiert, und ein gemütlicher Schupo, der die Erstklässler sicher über den Zebrastreifen bringt.

„Tante Dorette kommt", das hieß Hausputz im Großformat. Keiner blieb dabei ungeschoren, auch die Kleinsten nicht. Generalstabsmäßig wurde vorgegangen. Mutter hatte das Kommando. Vater musste den Keller und den Boden aufräumen. Tante Dorette würde es sich nicht nehmen lassen, das Haus von oben bis unten zu inspizieren. Auch der letzte Winkel konnte vor ihrem unbestechlichen Blick nicht verborgen bleiben. Nein, die Säuberungsaktion musste ebenso gründlich wie konsequent erfolgen. Verstecken von Ungeordnetem in Ecken oder unter Decken und Laken war nicht möglich. Selbst die Spielkisten der Kleinen mussten dran glauben und erst recht die Schulmappen, Schränke und Schreibtische der Großen. Geschenke, Süßigkeiten und Gaben für die Spardosen würde es erst geben, wenn alles zur Zufriedenheit begutachtet worden war.

So waren die Tage bis zu ihrem Besuch mit Arbeit, Hektik und Aktivitäten ausgefüllt. Sie sollte zufrieden sein, die Tante. Sie sollte keinen Anlass zu Ärger und Groll haben. Sie sollte alles in bester Ordnung und Sauberkeit vorfinden. Auch die Zwistigkeiten und Streitereien wurden zumindest vorübergehend beigelegt und befriedet. Dabei wussten alle aus früheren Erfahrungen, dass nach der Abreise der gefürchteten und geliebten Tante alte Spannungen und Meinungsverschiedenheiten umso kraftvoller und uner-

bittlicher aufleben würden. Aber das hatte Zeit. Vorerst wurde geputzt und geordnet, aufgeräumt und gewischt, aussortiert und weggeworfen. Manche liebe alte Sache wanderte in den Mülleimer, anderes erstrahlte in neuem Glanz. Schließlich sahen die Kinderzimmer wie Ausstellungsräume eines Möbelhauses aus und Keller und Boden, als sollten sie als Wohnräume vermietet werden. Mutter hatte Kuchen gebacken und Braten eingekauft, das Silber geputzt und die guten Damastdecken der Großmutter aufgelegt. Barbarazweige waren geschnitten worden und ein großer Tannenstrauß zierte die Diele. Dreimal hatte Vater den Gartenweg schon gefegt, um auch das letzte Blatt des Herbstes zu erreichen. Die Kinder hatten ihr Sonntagszeug an und die Großen hatten ohne Murren die Kleinen gekämmt und sie hatten es sich gefallen lassen.

Tante Dorette konnte kommen. Alles war bereit. Die Familie fand sich um den großen festlich gedeckten Tisch im Esszimmer ein. Ernste Feierlichkeit breitete sich aus, geradezu bedrückend war die Stille. „Wo ist Tante Dorette?", fragte in diese Stille hinein der Vater. „Wer ist denn zum Bahnhof sie abholen, sie müsste doch längst hier sein?" Einer schaute den anderen an: Mutter den Vater, Vater die Mutter, beide die Kinder, eines nach dem anderen, alle fünf. Bis es schreckliche Gewissheit wurde: Sie hatten die Tante vergessen. Niemand war losgegangen, um sie in Empfang zu nehmen. Bei allem Putzen und Wischen, Aufräumen und Ordnen hatten sie versäumt, die Tante am Bahnhof abzuholen. Der Gast, für den der ganze Aufwand betrieben worden war, war nicht da. Man hatte ihn schlicht vergessen. Man war mit den Vorbereitungen so beschäftigt gewesen, dass man den Termin und die Tante völlig übersehen hatte.

Nun saßen sie da im geputzten Haus, am gedeckten Tisch, sogar ein kleines Willkommensgeschenk hatte die Mutter besorgt und Blumen. Nur die Tante – sie, für die alles gemacht worden war, sie, der die ganze Vorbereitung galt –, sie fehlte! Wen wundert es, dass die Festfreude nicht aufkommen wollte, obwohl der Rahmen mehr als festlich war.

# Die wunderbaren Schaufenster

### ALBRECHT GRALLE

s war ein Kind, das als Erstes die unglaubliche Entdeckung machte, die später eine ganze Stadt in Verwirrung stürzen sollte. Und dabei fing alles so harmlos an: Jana stand mit ihrem Vater am zweiundzwanzigsten Dezember vor dem Schaufenster eines Süßwarenladens und betrachtete sehnsüchtig die Marzipanweihnachtsmänner, die künstlichen Früchte, die Weingummis, die Lakritzstangen, die Lebkuchen und Schokoladenfantasien, die eingepackten Geschenke und die anderen verführerischen Dinge, die sich vor ihren Augen ausbreiteten. Am liebsten hätte sie den ganzen Laden aufgekauft. Und alles war sehr hübsch und geschmackvoll hergerichtet. Dabei wusste Jana gar nicht so genau, dass die Weihnachtsdekoration geschmackvoll war und dass man die wie zufällig hingeworfene Straße aus Glitzersternen und das blaue Tuch, das nachlässig über den Geschenken und einer Krippenszene hing, sorgfältig drapiert hatte. Sie kannte noch nicht den Unterschied zwischen einem unaufgeräumten Zimmer und einer künstlerisch ausgestalteten Unordnung.

Die beiden, Vater und Tochter, fingen an zu frösteln, während sie so dastanden. Es war sehr kalt und windig, und es hatte immer noch nicht geschneit, obwohl der Himmel mit Wolken vollhing  und die kalte Luft schon nach Schnee roch. Vielleicht wollte der Schnee bis Weihnachten warten, um das Fest mit einem passenden weißen Rahmen zu umgeben und die Weihnachtsstimmung auf den perfekten Höhepunkt zu treiben.

Gerade machte der Vater eine Bewegung, als wollte er weitergehen, da rief seine Tochter: „Papa, schau mal, in der Krippe liegt ein großer Mann mit einem Bart."

Der Vater, der mit seinen Gedanken schon zu Hause war und sich vorstellte, wie es wäre, mit einer heißen Tasse Kaffee neben dem Ofen zu sitzen, seufzte auf und wollte eben sagen: „Das ist kein Mann, das ist das Christkind", etwa so, wie man im Zoo zu einem Kind sagt: „Das sind keine Baumstämme mit Augen, sondern Krokodile." Aber als er selber einen Blick auf die Krippe warf, sagte er den Satz nicht. Denn in der Krippe lag tatsächlich ein hölzerner Mann, dessen Beine viel zu lang dafür waren. Ein Mann, so groß wie die Maria- und Josephfiguren, mit Bart und dunklen Locken, die Augen wie unter großen Schmerzen aufgerissen und die Arme ausgebreitet. Um seinen Kopf war ein runder, gelb bemalter, hölzerner Heiligenschein angebracht wie der Rand eines Hutes.

„Tatsächlich", sagte der Vater, „du hast recht, Jana."

„Sieht seltsam aus!", meinte Jana.

„Also, ich finde, es sieht eher geschmacklos aus", sagte der Vater und schüttelte den Kopf. „Den haben sie von einem Kruzifix abgemacht und hier reingelegt. Unmöglich!" Da kam ihm eine Idee. „Ich werde die Leute fragen, was sie sich dabei gedacht haben."

„Muss das sein?", maulte Jana. „Ich geh aber nicht mit dir rein. Das ist mir viel zu peinlich."

Es war übrigens nicht das erste Mal, dass ihr Vater peinliche Dinge tat – jedenfalls Dinge, die ihr peinlich waren. Die letzte Geschichte lag erst zwei Tage zurück, da hatte er sich im Bus in eine Unterhaltung eingemischt, die ihn eigentlich gar nichts anging. Aber vielleicht sind Väter ja so, besonders Väter, die arbeitslos sind.

„Mensch, Jana, dir ist aber auch alles gleich peinlich. Dann bleib eben hier draußen." Mit diesen Worten verschwand er im Laden, und Jana wartete ab, was passieren würde. Da sah sie auch schon eine Frau, die mit ihrem Vater

von innen auf die Schaufenstereinrichtung zuging und mit einem überhebli-
chen Augenaufschlag irgendetwas sagte. Er redete daraufhin auf sie ein und
deutete auf die Krippe. Und dann kam die Verwandlung. Die Verkäuferin
stutzte, blickte zweimal hin, schüttelte den Kopf und ging verwirrt in den
Laden zurück. Gleich darauf kam Janas Vater wieder heraus.

„Du wirst es nicht glauben, Jana, aber die wussten von nichts. Jetzt suchen sie den Geschäftsführer." Er klopfte ihr auf die Schulter. „Gut beob-
achtet."

Er blieb stehen und betrachtete wieder den seltsamen Mann in der Krippe
mit dem Heiligenschein und dem abgemagerten Körper, dessen Rippen
man zählen konnte.

„Hat wahrscheinlich irgendein Witzbold gemacht. Verrückt. Komm, lass
uns weitergehen." Aber da blieb gerade ein junges Pärchen neben ihnen stehen, und Janas Vater konnte es sich nicht verkneifen, sie auf den bärtigen
Mann in der Krippe aufmerksam zu machen und zu sagen: „Das Christkind
scheint erwachsen geworden zu sein."

Allmählich wurden andere auf die kleine Gruppe vor dem Schaufenster
aufmerksam und mit einem Mal standen noch mehr Leute davor und unterhielten sich über die seltsame Krippe.

„Irgendwie originell", meinte ein junger Mann.

„Unglaublich, was die sich heute einfallen lassen, um die Leute anzulo-
cken. Gotteslästerlich, einfach gotteslästerlich", rief eine ältere Frau empört
aus.

„Sicher ein Missgeschick", sagte eine junge Mutter mit Kinderwagen.

„Komm, lass uns gehen, mir ist kalt." Mit diesen Worten zog Janas Vater
seine Tochter von der immer größer werdenden Menge zur Seite.

Wer nun als Erster auf die Idee gekommen war, die anderen Schaufenster
zu kontrollieren, konnten Vater und Tochter hinterher nicht mehr feststellen. Jedenfalls hielten sie bei einem anderen Schaufenster an, nur zum
Spaß, um zu sehen, ob da wohl auch etwas Seltsames zu entdecken war.

Der Laden, vor dem sie stehen blieben, war ein Musikgeschäft. Auch hier fehlten die Gold- und Silbersterne nicht und auch nicht die Rauschgold-engel, die über den vielen Geigen, Gitarren, Flöten und Klarinetten schweb-ten, als wollten sie sie beschützen. Nein, eine Krippe war da nicht aufgebaut. Nur ein weißes Band mit Goldrand hing unter einer künstlichen Wolke aus Watte, ein Band mit Noten, auf dem ein bekanntes Weihnachts-lied aufgedruckt war: „Alle Jahre wieder kommt das Christuskind …" Aber halt, da stand ja gar nicht „Alle Jahre wieder", sondern: „Einmal und nie wieder kam das Christuskind …" Diesmal hatte der Vater die Besonderheit als Erster entdeckt.

„Ich hab was gefunden!", rief er triumphierend seiner Tochter zu. „Lies mal das Lied!"

„Einmal und nie wieder …", las Jana. „Vielleicht ist es ja ein neues Weih-nachtslied?"

„Falsch", sagte Herr Schlosser – so hießen nämlich die beiden Schaufens-terkontrolleure mit Nachnamen. „Zufällig kann ich Noten lesen und zufällig steht über dem Text die Melodie von ‚Alle Jahre wieder …'"

„Einmal und nie wieder kam das Christuskind …", sang Janas Vater leise vor sich hin und meinte: „Meine Herren, das klingt, als ob das Ganze mit der Geburt und so … einmalig gewesen wäre, so … besonders."

„Ist es doch auch, oder nicht?", sagte Jana.

Als ihr Vater dazu schwieg, zog sie ihn fort und rief: „Komm zum nächsten Schaufenster!", und sie dachte: Bloß weg, sonst geht er wieder in den Laden und sagt peinliche Dinge.

Anscheinend hatten die anderen Schaufensterbetrachter die gleiche Idee gehabt, denn man konnte jetzt richtige Menschentrauben vor mehreren Fenstern sehen. Leute unterhielten sich lautstark, und manche fuhren mit den Händen durch die Luft. Bei einem Geschäft herrschte ein besonders großer Lärm und Jana zog ihren Vater an der Hand dorthin. Nachdem sie sich durch die Menschenmenge gedrängt hatten, blieb selbst Janas Vater

vor Staunen der Mund offen stehen. Und das wollte schon etwas heißen. Es war ein Bekleidungsgeschäft und der riesige Engel fiel gleich auf. Er war nicht einer dieser typischen Rauschgoldengel mit dem welligen Silberhaar und den niedlichen Flügeln in einem zarten, duftigen Kleid, also keine der Figuren, die man sonst so sieht, sondern ein kräftiger, zornig wirkender junger Mann in der Größe einer Schaufensterpuppe. Er trug ein helles Leinenhemd über einer weißen Jeans, und seine rechte Hand umschloss ein schweres, glänzendes Schwert.

Das Erschreckende war aber, dass man den Eindruck hatte, der Engel hätte in dem Schaufenster herumgewütet, denn manche Kleider und Anzüge lagen in Fetzen herum, und obwohl der Engel aus Holz oder einem anderen festen Material gearbeitet war, sah er doch sehr lebendig aus mit seinen blitzenden Augen und dem Heiligenschein aus Gold, der wie ein Reif in seinen Haaren steckte.

„Man bekommt fast eine Gänsehaut", flüsterte Jana ihrem Vater zu, als fürchtete sie, der kriegerische Engel könnte sie hören, und Herr Schlosser meinte: „Jetzt verstehe ich zum ersten Mal, warum die Engel den Hirten als Erstes sagen mussten: ,Fürchtet euch nicht!' Der Kerl ist wirklich zum Fürchten, obwohl er sehr schön aussieht und es gleichzeitig auch ein … gutes Fürchten ist." Er schüttelte den Kopf über seine eigenen, widersprüchlichen Worte.

„Komm, wir gehen weiter, Jana. Bin gespannt, was es noch zu sehen gibt."

Inzwischen war es dämmerig geworden, und in den Straßen ging die Weihnachtsbeleuchtung an, wie an jedem Abend in der Vorweihnachtszeit. Aber dieser Abend war anders als sonst. Normalerweise sah man um diese Zeit Leute durch die Straßen eilen oder an den kleinen Buden des Weihnachtsmarktes stehen und Glühwein trinken. Diesmal hingen die Schaufenster voller Leute und der Glühwein dampfte umsonst in den Warmhaltebehältern vor sich hin. Außerdem gab es auch kaum Leute, die hätten ausschenken können, denn sie waren wie ihre Kunden von den seltsam dekorierten

Schaufenstern angelockt worden. Beim nächsten Geschäft herrschte eine fast andächtige Stille. Wenige standen davor und gingen nach einer Weile stumm weiter. Es gab sogar ältere Männer, die ihren Hut abnahmen. Und Herr Schlosser und seine Tochter merkten auch bald, warum. Es handelte sich diesmal um einen Secondhand-Laden für Kinderkleidung. Auf einer Tapete, die im Hintergrund angebracht war, stand in ungelenker Kinderhandschrift der Satz: „Vröliche Weinenacht". Und darunter sah man zwei verdreckte Kartons, die mit Zeitungen ausgepolstert waren und in denen halb nackte Babypuppen lagen. Über den Sand, der überall den Boden bedeckte, liefen Tierspuren und in einer Ecke dampfte ein Haufen Mist vor sich hin. Man meinte förmlich, den Gestank zu riechen. Auch Jana und ihr Vater gingen schweigend weiter. Sie hatten plötzlich keine Lust mehr, die anderen Schaufenster zu sehen, und so fuhren sie nach Hause.

Aber die unglaublichen Dekorationen hörten deswegen nicht auf. Ein Buchhändler stand entsetzt vor seinem Schaufenster, aus dem alle seine lustigen, geschmackvoll gestalteten Bildbände und die unterhaltsamen Bücher verschwunden waren und in dem nur noch Bibeln herumlagen, die alle so aufgeschlagen waren, dass man den Beginn der Weihnachtsgeschichte im Lukasevangelium lesen konnte. Ein Optiker verstand die Welt nicht mehr, weil er alle seine Ferngläser draußen auf einem Tisch wiederfand, versehen mit einem Hinweisschild: „Werfen Sie mal einen Blick in den Himmel!"

Auf der Polizeiwache liefen die Telefone heiß, und die Sache mit den Schaufenstern war das Tages- oder besser Nachtgespräch. Und jeder fragte sich: Wer hat das getan? Vor allem: Wie kann man so etwas machen, ohne dass man dabei erwischt wird?

Am Morgen des vierundzwanzigsten Dezembers stand folgender Artikel in der Lokalzeitung Nachrichten Aktuell:

### WEIHNACHTEN SCHLÄGT ZURÜCK – DAS WUNDER IN DEN SCHAUFENSTERN

Seit gestern Abend ist die gesamte Geschäftswelt unserer Stadt in Aufruhr: Ein Unbekannter oder eine Gruppe hat auf unerklärliche Weise zahlreiche Schaufensterdekorationen verändert. Das Thema Weihnachten wurde zum Anlass genommen, die Leute zu schockieren. Und so sah es in einigen Schaufenstern aus: Ein lebensgroßer, furchterregender Holzengel stand mit gezücktem Schwert in einem Bekleidungsgeschäft und schien die Stoffe zerfetzt zu haben; ein bärtiger Mann, offensichtlich der Korpus eines Kruzifixes, lag statt eines niedlichen Babys in der Krippe; bekannte Weihnachtslieder wurden verspottet, und in einem Kinderbekleidungsgeschäft standen vergammelte Kartons herum, ausgestopft mit Zeitungen, in denen Babypuppen lagen. Daneben stank ein Misthaufen vor sich hin. Wahrscheinlich ein Hinweis auf die ärmliche Geburt Christi …

Aber das waren nur die Anfänge. Die seltsamen Veränderungen gingen weiter. Unser Reporter war bis zum Morgen unterwegs und hat noch Folgendes festgestellt: Ein Esel wurde in der verschlossenen Kirche gefunden. Nur durch sein lautes und anhaltendes Schreien wurde man schließlich auf ihn aufmerksam. Auf seinem Rücken hatte jemand mit weißer Farbe und dicken Strichen den Satz gemalt: „Gott kehrt gern bei Eseln ein."

Die Polizei vermutet die Attentäter innerhalb der Kirchen. Denn wer sonst hätte ein Interesse daran, diese Dinge durchzuführen? Dienen sie doch der Propaganda eines christlichen Festes. Pastor Hannibald Weiß, Hauptpastor der evangelischen Friedenskirche unserer Stadt, wurde von Nachrichten Aktuell interviewt. Dabei stellte sich heraus, dass er genauso wie alle anderen Bürger von den seltsamen Dekorationen überrascht worden war. Er bestritt nachhaltig, in irgendeiner Form etwas mit dieser Sache zu tun zu haben. Auf die Frage, wie er sich denn die seltsamen Schau-

fenster erklärte, gab er zu bedenken, dass es auf ihn so wirke, als wehrte sich das Weihnachtsfest gegenüber zu vielen Überfremdungen. Es könne doch sein, meinte er, dass das Weihnachtsfest nach Jahrzehnten der Vermarktung zurückschlage. Solche alten Symbole, unterstrich der Pastor, seien nicht zu unterschätzen, sie hätten eine starke Energie. Und warum solle es nicht auch heute noch Wunder geben? So weit Pastor Hannibald Weiß.

Wie wir heute von der Polizei erfuhren, wurde bei einem Rentner auffällig viel Holzabfall sichergestellt, und bei einem jüngeren Ehepaar wurde eine Bibel entdeckt, die auf dem Küchentisch lag. Aber das alles sind noch keine handfesten Spuren. Genauso wie alle übrigen Bürger unserer Stadt steht die Polizei vor einem Rätsel. Nachrichten Aktuell wird Sie jedenfalls auf dem Laufenden halten …

Am Nachmittag des vierundzwanzigsten Dezembers platzten die Kirchen aus allen Nähten. Die „wunderbaren" Schaufenster hatten viele aufgewühlt und durcheinandergebracht. Es gab einem sogar das Gefühl, an einer kleinen Verschwörung teilzuhaben, wenn man die Kirche betrat. Man sympathisierte sozusagen mit den Tatverdächtigen. Ein leichter Geruch nach Stall und Esel hing noch im Kirchenschiff und erinnerte daran, dass Gott gerne bei Eseln einkehrt.

Als die Weihnachtsgeschichte vorgelesen wurde, senkte sich eine andächtige Stille über die Versammlung, und das übliche Füßescharren, Husten, Gähnen und Flüstern hörte schlagartig auf, sodass sich der Pastor wunderte. Denn viele hörten die alte Geschichte wie zum ersten Mal. Die Worte setzten beim Vorlesen plötzlich völlig neue Bilder frei.

Als die Stelle kam, in der Maria das Kind in Windeln wickelte und in eine Krippe legte, sah man nicht einen romantischen Stall vor sich und ein zufrieden lächelndes jüdisches Ehepaar in stilvollen Gewändern. Stattdessen stand einem das Schaufenster des Secondhand-Ladens vor Augen, in dem ein paar schmuddelige Kartons herumlagen, notdürftige Betten für frierende Babys. Der Esel, der in der Kirche eingesperrt war, geisterte durch den

Kopf, und als die Hirten nachts vom Engelgesang geweckt wurden, dachte man unwillkürlich an den zornigen jungen Mann mit dem Schwert in der Hand. Die Geschichte der drei Weisen vermischte sich mit dem Optikergeschäft, und zum ersten Mal begriffen ein paar Leute, dass das Kind in der Krippe mit dem Mann am Kreuz identisch war.

„Eigentlich", sagte Herr Schlosser am Heiligen Abend nach der Bescherung und schielte dabei zu seiner Tochter hinüber, „eigentlich hättest du in dem Zeitungsartikel erwähnt werden müssen, schließlich hast du doch als Erste die Sache entdeckt." Jana war gerade dabei, eine Bastelanleitung durchzulesen, während ihr älterer Bruder Stefan mit seinem Chemiekasten beschäftigt war. Die Mutter probierte ihre neue Bluse an.

„Quatsch!", sagte Jana. „Wenn ich sie nicht entdeckt hätte, dann hätte ein anderer sie entdeckt. Denk doch nur an den riesigen Engel mit dem Schwert. Außerdem wäre es mir viel zu ..." „... peinlich gewesen", vollendete der Vater den Satz und lachte.

# Vom Schenken

6 MINUTEN

# Und ratlos flackert der Lichterbaum

UNBEKANNT

&s hat geklappt, dachte ich erstaunt, als wir das Weihnachtszimmer betraten: Nur der Baum in strahlendem Glanz begrüßte uns. Die vielen Päckchen und Pakete, die sonst darunterzuliegen pflegten, fehlten. Endlich hatten sich alle an die Absprache gehalten: In diesem Jahr gibt's keine Geschenke!

Ich musste ja nicht unbedingt verraten, dass ich nach langem Zögern doch etwas für jeden besorgt hatte. Man konnte ja nie wissen, ob nicht etwa Mama mit „einer Kleinigkeit" rausrückte und dann ganz traurig wäre, wenn ich keine Gegengabe hätte. Und Papa, dem Erfinder der Idee, war auch nicht zu trauen. Er hatte immer so lustige Einfälle und konnte dann nicht an sich halten. Marie, meine Schwester, lebte ohnehin in einem dauernden Schenkrausch, und Oma hatte die Vereinbarung wahrscheinlich gar nicht verstanden. Sie kannte Weihnachten seit 80 Jahren nur mit Liebesgaben.

Nun also endlich doch mal kein Fest der Warenübergabe und des Taxierens. Meine Sachen würde ich spätestens an Geburtstagen loswerden, und vielleicht kamen ja doch wieder Müllers herüber mit den üblichen gräulichen Geschenken. Dann wären die Eltern bestimmt froh, wenn wenigstens ich mit ein paar netten Sachen erwidern konnte. Onkel Hans hatte zwar auch hoch und heilig geschworen, es bei ein paar Küsschen für die Damen zu belassen. Aber eben die Damen! Die hatten es ihm so angetan, dass ihm geschenkloses Hereinschneien bestimmt gegen die Kavaliersehre ging. Die Weihnachtsgeschichte war verlesen, das alljährliche Lied „Alle Jahre wieder" verklungen. Papa räusperte sich. „Liebe Festgemeinde", begann er; er hatte ursprünglich Pastor werden wollen. „Irgendwie hat mich in diesem Jahr die Geschichte vom Stall in Bethlehem besonders angesprochen. Dort war ja auch große Freude trotz der großen Not. Ganz ohne Gaben aber ging es selbst damals nicht ab. Und auch für uns ist natürlich allerlei Post gekommen. Die wenigstens können wir ja nun öffnen." Und er zog einen ziemlich beladenen Teetisch aus dem Esszimmer herein.

Das Papier stapelte sich bereits bedenklich, als es klingelte. Ein Weihnachtsmann stand leicht schwankend vor der Tür: „Soll ich hier abgeben", lallte er und ließ ein rundes Riesendings ins Zimmer plumpsen. Nach dem Entpacken rollte ein wundervoller Teppich vor uns aus. „Das ist kein Geschenk", rief Papa. „Unsere zerschlissene Auslegeware hätte das Fest beschädigt. Und noch etwas Festliches steckt im Karton da. Mach mal auf, Marie!" Eine geschnitzte Krippe, wie sie sich Mama schon lange wünschte, kam zum Vorschein und wurde unterm Baum drapiert.

„Du bist so gut, Gerd", dankte Mama. „Zur Festlichkeit aber gehört vor allem ein fröhlicher Hausherr." Und sie überreichte ihm eine Kiste seiner Lieblingszigarren, die sie wie die bestickten Pantoffeln hinter dem Baum versteckt hatte.

„Ihr Pharisäer!", entrüstete sich nun Oma. „Ich habe es geahnt. Gerd hatte schon immer die blödesten Ausreden, wenn er sich um etwas rumdrücken wollte. Nur gut, dass wenigstens ich an die Kinder gedacht habe." Aus ihrer sackartigen Handtasche förderte sie für mich in Zeitungspapier eingeschlagene Computerspiele, CDs und eine schnurlose Maus zutage. Für Marie hatte sie einen ganzen Stapel Bücher. Marie aber keuchte aus dem Flur und schwenkte triumphierend einen bunt geschmückten Strauch mit allerlei Päckchen daran. „Das ist auch nur zur Hebung der Fröhlichkeit", verkündete sie neckisch. Mittlerweile war ich natürlich auch nach draußen gestürzt und holte meine unterm Bett gebunkerten Sachen. Als ich zurückrannte, kollidierte ich fast mit den Müllers, die schwer beladen in der Tür standen. „Das sind nur unsere Bettsachen", log lachend Onkel Hans und quetschte sich mit den Seinen und ihren mindestens siebenmal sieben Sachen in die gute Stube. Während ich mich zu den Feiernden vorkämpfte und um Aufmerksamkeit für meine genialen Geschenke warb, kullerte aus den Betten der Müller-Familie allerlei Farbenfrohes und komplettierte das Schlachtfeld vor dem ratlos flackernden Lichterbaum.

„Oma soll ja nicht denken, dass sie allein an unsere Kinder gedacht hat!", rief nun Mama in den Trubel, kippte zusammen mit Papa den Tisch in der Ecke um und wies strahlend auf zwei Pyramiden darunter. Es handelte sich um aufwendig verschnürte kleine Fernseher, die Jubelschreie bei mir und Marie auslösten. Jetzt konnte uns Papa mit seinem Fußball nicht mehr das Programm versauen!

Wir fühlten uns wie an Ostern und Weihnachten zusammen und hörten nicht einmal die Türklingel. Die Gemeindeschwester kam herein: „Ich habe von eurem Pech in diesem Jahr gehört und für euch gesammelt, ihr Armen ...", begann sie, zu mir und Marie gewandt. Dann stockte sie, starrte die Geschenkhalde an und ging offenen Mundes rückwärts hinaus. Zurück blieb ein halbes Dutzend Päckchen, auf die wir uns nun stürzten, während die Eltern zur Schenk-Gegenoffensive gegen die Müllers übergingen.

Es gab kein Halten mehr. Der durch das vereinbarte Schenk-Embargo ausgelöste Stau entlud sich in einer Flut von Nippes, Tand und Gutscheinen. Als sich die Bescherungseruption gelegt hatte, sank Papa erschöpft in einen Sessel. „Irgendwas", sagte er matt, „ist schiefgegangen. Vielleicht hilft es, wenn wir fürs nächste Mal versprechen, einander so viel zu schenken wie noch nie." „Frohe Weihnachten!"

Weihnachten war eine Zeit der Stille
und Besinnung, bis jemand auf die
Idee kam, dass Geschenke sein müssen.

7 MINUTEN

# Das Parfüm

SIMONE EHRHARDT

Pjotr Olschewski hatte ein Problem, und gerade flog es quer durch die Fahrerkabine seines Lieferwagens. Ein silberfarbener Mercedes hatte vor ihm eine Vollbremsung hingelegt, und es blieb Pjotr nichts anderes übrig, als es ihm gleichzutun, wollte er dem Pkw nicht hinten drauffahren. Er schimpfte leise vor sich hin und stellte sich lieber nicht so genau vor, wie es den Paketen und Päckchen hinten im Lieferwagen ergangen war. Dem Gepolter nach waren sie alle durcheinandergefallen, und es würde ihn unnötige Zeit kosten, sie neu zu sortieren. Sein spezielles „Problem" lag jetzt vor dem Beifahrersitz auf dem Boden. Pjotr hob es auf und pustete ein paar Schmutzkrümel ab. Wunderbarerweise sah es noch wie neu aus. Er hätte wetten können, dass es verschrammt und verdrückt sein würde nach diesem Sturz.

Es war ein typischer Montag, daran änderte auch der Dezember nichts. Im Gegenteil – er machte eher alles schlimmer, denn in der Vorweihnachtszeit verschickten die Menschen alles Mögliche in Paketform, und er hatte mehr als sonst auszuliefern. Er freute sich schon darauf, wenn Weihnachten endlich vorüber war, und erzählte auch gerne jedem davon. Nein, ausgesprochen adventlich war ihm nicht zumute. Eigentlich war er ein Adventsmuffel – kein Weihnachtsmuffel, denn auf die Feiertage freute er sich wiederum, besonders auf die großen Familienessen daheim in Polen oder auch hier in Deutschland, wenn die Verwandtschaft bei ihnen zu Besuch war. Bei dem Gedanken an den Karpfen seiner Mutter knurrte ihm der Magen.

Das löste aber noch nicht sein „Problem". Es lag in einer würfelförmigen, stabilen goldfarbenen Pappschachtel, die mit einer großen dunkelroten Samtschleife verziert war. Das Ganze sah sehr hübsch aus, edel und kostbar, eigentlich das, was man unter dem Weihnachtsbaum gerne liegen hätte. Die eigentliche Schwierigkeit war der Inhalt der Box, nämlich eine Flasche Parfüm. Pjotr hatte sie am Samstag in einer Boutique geschenkt bekommen, und er wusste bis heute nicht, weshalb eigentlich. Es war zweifellos ein teures Parfüm, aber seine Frau wollte es nicht. Ihr gefiel der Duft nicht. „Zu schwach und zu blumig", fand sie. Seine Mutter wollte es auch nicht. „Ich nehme kein Parfüm, das weißt du doch. Ich bekomme Ausschlag davon", hatte sie entrüstet gesagt. Seine Tochter hatte es ebenfalls abgelehnt. „Nee, das ist doch was für alte Frauen" war ihre Meinung dazu.

Pjotr hatte die Schachtel den ganzen Sonntag immer wieder angestarrt und überlegt, wem er es geben konnte. Zum Wegwerfen war das Parfüm einfach zu schade, dazu diese hübsche Verpackung …

Er hatte es schließlich mit auf seine Route genommen. Man konnte ja nie wissen – er läutete bei so vielen Menschen, irgendeinem davon würde er doch wohl dieses Duftwasser überlassen können! Und er hatte Glück. Nachdem er Ordnung im Laderaum geschaffen hatte, war die nächste Station auf seiner Route eine Frau um die fünfzig, die ihm in einem orange-blau gestreiften Haushaltskittel erhitzt die Tür öffnete. Haarsträhnen hingen wirr in ihrem feuchten Gesicht, an den Händen hatte sie gelbe Gummihandschuhe, die voller Schaum waren. Ohne ein Wort unterschrieb sie für ihr Päckchen und nahm es in Empfang.

„Hier, das gehört dazu", sagte Pjotr, legte die goldfarbene Box mit der Samtschleife auf das Päckchen, das die Frau bereits in den Händen hielt, und eilte davon.

Die Empfängerin sah ihm verdutzt hinterher. In ihrer Küche zog sie die Gummihandschuhe aus und öffnete die Schachtel. Als sie das Parfüm sah, fiel ihr ein, dass sie doch noch ein Geschenk für eine Freundin brauchte, die in einer Stunde auf einen Kaffee vorbeikommen wollte. Wie praktisch, nun hatte sie etwas Passendes! Hastig machte sie sich wieder ans Werk, damit die Fenster auch wirklich strahlten, wenn ihr Besuch kam.

Das Parfüm in seiner goldfarbenen Schachtel legte an diesem Montag eine erstaunliche Reise zurück und durchlief etliche Hände. Die Freundin nahm es beglückt in Empfang und gab es gleich darauf weiter an ihre Postbotin. Diese ließ es bei der netten Bäckersfrau, die ihr öfter mal eine Brezel zusteckte, wenn sie Briefe brachte. Die Bäckersfrau schenkte es ihrer Nichte, die ihre Hausaufgaben an dem Tag hinten in der Backstube machte. Die Nichte gab es ihrer Nachhilfelehrerin, einer Abiturientin. Die Abiturientin reichte es weiter an eine Obdachlose in der City, von wo aus es unauffällig in eine Einkaufstasche wanderte, als die Obdachlose gerade nicht hinsah.

Aus der Einkaufstasche fiel es in einen Krabbelsack, und aus diesem zog es ein Immobilienmakler. Der gab es seiner Steuerberaterin, und die überließ es ihrer Schwester.

Am Nachmittag befand sich das Parfüm erneut in einem Auto und fuhr Richtung Bodensee. In Kressbronn geschah dann das Malheur: Das Auto blieb stehen und wollte nicht mehr weiter. Der Abschleppdienst kam und brachte es zur nächsten Kfz-Werkstatt. Dort wurde der Wagen von einer freundlichen jungen Frau untersucht und im Handumdrehen mit dem nötigen Ersatzteil versehen. Die junge Frau freute sich, denn sie war noch in der Ausbildung, und ihr Meister klopfte ihr anerkennend auf die Schulter. Die Autobesitzerin freute sich noch viel mehr, denn sie musste am selben Abend noch nach Schaffhausen, und voller Dankbarkeit überließ sie der jungen Frau ihr teures Parfüm in der hübschen Schachtel.

Die junge Mechanikerin nahm es nach Feierabend mit nach Hause, und dort fand das Eau de Parfum endlich seinen Bestimmungsort: den Badezimmerschrank in einer kleinen Einzimmerwohnung.

Die neue Besitzerin nahm abends ein entspannendes, heißes Bad mit reichlich Badeschaum. Als sie sich abgetrocknet hatte, holte sie die runde Glasflasche aus dem Karton – wobei sie die dunkelrote Samtschleife vorsichtig zur Seite legte, um sie vielleicht wiederverwenden zu können – und sprühte sich ihren neuen Duft auf. Er gefiel ihr ausnehmend gut. Frisch war er, ein bisschen blumig, ein bisschen kühl, ein bisschen roch es nach Äpfeln und Rosen.

Welch eine nette Überraschung an einem Dezembermontag!

# Das Geschenk
# der Weisen

O. HENRY

Ein Dollar und siebenundachtzig Cent. Das war alles. Und sechzig Cent davon in Pennys. Stück für Stück ersparte Pennys, wenn man hin und wieder den Kaufmann, Gemüsemann oder Fleischer beschwatzt hatte, bis einem die Wangen brannten im stillen Vorwurf der Knauserei, die solch ein Herumfeilschen mit sich brachte. Dreimal zählte Della nach. Ein Dollar und siebenundachtzig Cent. Und morgen war Weihnachten.

Da blieb einem nichts anderes, als sich auf die schäbige kleine Chaise zu werfen und zu heulen. Das tat Della. Was zu der moralischen Betrachtung reizt, das Leben bestehe aus Schluchzen, Schniefen und Lächeln, vor allem aus Schniefen. Während die Dame des Hauses allmählich von dem ersten Zustand in den zweiten übergeht, werfen wir einen Blick auf das Heim. Eine möblierte Wohnung für acht Dollar die Woche. Sie war nicht gerade bettelhaft zu nennen; höchstens für jene Polizisten, die speziell auf Bettler gehetzt wurden. Unten im Hausflur waren ein Briefkasten, in den nie ein Brief fiel, und ein Klingelknopf, dem keines Sterblichen Finger je ein Klingelzeichen entlocken konnte. Dazu gehörte auch eine Karte, die den Namen „Mr James Dillingham jr." trug. Das „Dillingham" war in einer früheren Zeit der Wohlhabenheit, als der Eigentümer dreißig Dollar die Woche verdiente, hingepfeffert worden. Jetzt, da das Einkommen auf zwanzig Dollar zusammengeschrumpft war, wirkten die Buchstaben des „Dillingham" verschwommen, als trügen sie sich allen Ernstes mit dem Gedanken, sich zu einem bescheidenen und anspruchslosen D zusammenzuziehen. Aber wenn Mr James Dillingham jr. nach Haus und oben in seine Wohnung kam, wurde er „Jim" gerufen und von Mrs James Dillingham jr., die bereits als Della vorgestellt wurde, herzlich umarmt. Was alles sehr schön ist.

Della hörte auf zu weinen und fuhr mit der Puderquaste über ihre Wangen. Sie stand am Fenster und blickte trübselig hinaus auf eine graue Katze, die auf einem grauen Zaun in einem grauen Hinterhof spazierte. Morgen war Weihnachten, und sie hatte nur einen Dollar siebenundachtzig, um für Jim ein Geschenk zu kaufen. Monatelang hatte sie jeden Penny gespart, wo sie nur konnte, und dies war das Resultat. Zwanzig Dollar die Woche reichen nicht weit. Die Ausgaben waren größer gewesen, als sie gerechnet hatte. Das ist immer so. Nur einen Dollar siebenundachtzig, um für Jim ein Geschenk zu kaufen. Für ihren Jim. So manche glückliche Stunde hatte sie damit verbracht, sich etwas Hübsches für ihn auszudenken. Etwas Schönes, Seltenes, Gediegenes – etwas, was annähernd der Elite würdig war, Jim zu gehören. Zwischen den Fenstern stand ein Trumeau. Vielleicht haben Sie schon einmal einen Trumeau in einer möblierten Wohnung zu acht Dollar gesehen. Ein sehr dünner und beweglicher Mensch kann, indem er sein Spiegelbild in einer raschen Folge von Längsstreifen betrachtet, eine ziemlich genaue Vorstellung von seinem Aussehen erhalten. Della war eine schlanke Person und beherrschte diese Kunst. Plötzlich wirbelte sie von dem Fenster fort und stand vor dem Spiegel. Ihre Augen glänzten und funkelten, aber ihr Gesicht hatte in zwanzig Sekunden die Farbe verloren. Flink löste sie ihr Haar und ließ es in voller Länge herabfallen.

Zwei Dinge besaßen die James Dillinghams jr., auf die sie beide unheimlich stolz waren. Das eine war Jims goldene Uhr, die seinem Vater und davor seinem Großvater gehört hatte. Das andere war Dellas Haar. Hätte die Königin von Saba in der Wohnung jenseits des Luftschachts gelebt, dann hätte

Della eines Tages ihr Haar zum Trocknen aus dem Fenster gehängt, um ihrer Majestät Juwelen und Vorzüge im Wert herabzusetzen. Wäre König Salomo der Portier gewesen und hätte all seine Schätze im Erdgeschoss aufgehäuft, Jim hätte jedes Mal seine Uhr gezückt, wenn er vorbeigegangen wäre, bloß um zu sehen, wie sich der andere vor Neid den Bart raufte.

Jetzt floss also Dellas Haar wellig und glänzend an ihr herab wie ein brauner Wasserfall. Er reichte bis unter die Kniekehlen und umhüllte sie wie ein Gewand. Nervös und hastig steckte sie es wieder auf. Einen Augenblick taumelte sie und stand ganz still, während ein paar Tränen auf den abgetretenen Teppich fielen.

Die alte braune Jacke angezogen, den alten braunen Hut aufgesetzt, und mit wehenden Röcken und immer noch das helle Funkeln in den Augen, schoss sie zur Tür hinaus und lief die Treppe hinab auf die Straße. Wo sie stehen blieb, lautete das Firmenschild: „Mme Sofronie. Alle Sorten Haarersatz". Della rannte die Treppe hinauf und versuchte Atem schöpfend, sich zu sammeln. Madame, groß, zu weiß und frostig, sah kaum nach „Sofronie" aus.

„Wollen Sie mein Haar kaufen?", fragte Della.

„Ich kaufe Haar", sagte Madame. „Nehmen Sie den Hut ab, damit wir es einmal ansehen können."

Der braune Wasserfall stürzte in Wellen herab. „Zwanzig Dollar", sagte Madame, mit kundiger Hand die Masse anhebend.

„Geben Sie nur schnell her", sagte Della. Oh, und die nächsten beiden Stunden trippelten auf rosigen Schwingen. Nehmen Sie es nicht so genau mit der zerhackten Metapher. Sie durchwühlte die Läden nach dem Geschenk für Jim.

Schließlich fand sie es. Bestimmt war es für Jim und für niemand sonst gemacht. Keins gab es in den Läden, das diesem glich, und sie hatte in allen das Oberste zuunterst gekehrt. Es war eine Uhrkette aus Platin, einfach und edel im Dessin, die ihren Wert auf angemessene Weise durch das Material und nicht durch eine auf den Schein berechnete Verzierung offenbarte – wie es bei allen guten Dingen sein sollte. Sie war sogar der Uhr würdig. Kaum hatte sie die Kette erblickt, als sie auch schon wusste, dass sie Jim gehören müsse. Sie war wie er. Überlegene Ruhe und Wert – das passte auf beide. Einundzwanzig Dollar nahm man ihr dafür ab, und mit den siebenundachtzig Cent eilte sie nach Hause. Mit dieser Kette an der Uhr konnte Jim wirklich in jeder Gesellschaft um die Zeit besorgt sein. So großartig die Uhr war, manchmal blickte er wegen des alten Lederriemchens, das er anstelle einer Kette benutzte, nur verstohlen nach ihr.

Als Della zu Hause angelangt war, wich ihr Rausch ein wenig der Vorsicht und der Vernunft. Sie holte ihre Brennschere heraus, zündete das Gas an und machte sich ans Werk, die Verheerungen auszubessern, die von Freigebigkeit in Verein mit Liebe angerichtet worden waren. Was stets eine gewaltige Aufgabe ist, liebe Freunde – eine Mammutaufgabe.

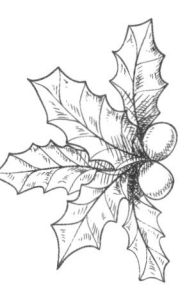

Nach vierzig Minuten war ihr Kopf dicht mit kleinen Löckchen bedeckt, mit denen sie wundervoll aussah, wie ein schwänzender Schuljunge, sorgfältig und kritisch betrachtete sie ihr Spiegelbild.

„Wenn mich Jim nicht umbringt, bevor er mich ein zweites Mal ansieht, wird er sagen, ich sehe aus wie ein Chormädel von Coney Island", meinte sie bei sich. „Aber was – oh, was hätte ich denn mit einem Dollar siebenundachtzig anfangen sollen?" Um sieben war der Kaffee gekocht, und die Bratpfanne stand hinten auf der Kochmaschine, heiß und bereit, die Koteletts zu braten. Jim verspätete sich nie. Della ließ die Uhrkette in ihrer Hand verschwinden und setzte sich auf die Tischkante nahe der Tür, durch die er immer eintrat. Dann hörte sie seinen Schritt auf der Treppe, unten, auf den ersten Stufen, und wurde einen Augenblick blass. Sie hatte sich angewöhnt, wegen der einfachsten Alltäglichkeiten stille kleine Gebete zu murmeln, und jetzt flüsterte sie: „Bitte, lieber Gott, mach, dass er mich noch hübsch findet." Die Tür öffnete sich. Jim trat ein und schloss sie. Er sah mager und sehr feierlich aus. Armer Junge, er war erst zweiundzwanzig – und schon mit

Familie belastet! Jim blieb an der Tür stehen, reglos wie ein Vorstehhund, der eine Wachtel ausgemacht hat. Seine Augen waren auf Della geheftet, und ein Ausdruck lag in ihnen, den sie nicht zu deuten vermochte und der sie erschreckte. Es war weder Ärger noch Verwunderung, weder Missbilligung noch Abneigung  noch überhaupt eins der Gefühle, auf die sie sich gefasst gemacht hatte. Er starrte sie nur unverwandt an mit diesem eigentümlichen Gesichtsausdruck.

Della rutschte langsam vom Tisch und ging zu ihm. „Jim, Liebster", rief sie, „sieh mich nicht so an. Ich hab mein Haar abschneiden lassen und verkauft, weil ich Weihnachten ohne ein Geschenk für dich nicht überlebt hätte. Es wird wieder wachsen – du nimmst es nicht tragisch, nicht wahr? Ich musste es einfach tun. Mein Haar wächst unheimlich schnell. Sag mir Fröhliche Weihnachten, Jim, und lass uns glücklich sein. Du ahnst nicht, was für ein hübsches, was für ein schönes, wunderschönes Geschenk ich für dich bekommen habe."

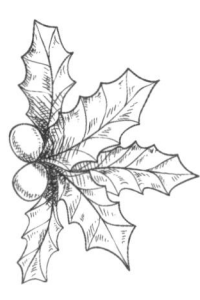

„Du hast dein Haar abgeschnitten?", fragte Jim mühsam, als könne er selbst nach schwerster geistiger Arbeit nicht an den Punkt gelangen, diese offenkundige Tatsache zu begreifen. „Abgeschnitten und verkauft", sagte Della. „Hast du mich jetzt nicht noch ebenso lieb? Ich bin auch ohne mein Haar noch dieselbe, nicht wahr?"

Jim blickte neugierig im Zimmer umher. „Du sagst, dein Haar ist weg?", bemerkte er mit nahezu idiotischem Gesichtsausdruck.

„Du brauchst nicht danach zu suchen", sagte Della. „Ich sag dir doch, es ist verkauft und weg. Heute ist Heiligabend, Jungchen. Sei nett zu mir, denn es ist ja für dich weg. Vielleicht waren die Haare auf meinem Kopf gezählt", fuhr sie mit einer jähen, feierlichen Zärtlichkeit fort, „aber nie könnte jemand meine Liebe zu dir zählen. Soll ich die Koteletts aufsetzen, Jim?"

Jim schien im Nu aus seiner Starrheit zu erwachen. Er umarmte seine Della. Wir wollen inzwischen mit diskreten Forscherblicken zehn Sekunden lang eine an sich unwichtige Sache in anderer Richtung betrachten. Acht Dollar die Woche oder eine Million im Jahr – was ist der Unterschied? Ein Mathematiker oder ein Witzbold würden uns eine falsche Antwort geben. Die Weisen brachten wertvolle Geschenke, aber dies war nicht darunter. Diese dunkle Behauptung soll später erläutert werden.

Jim zog ein Päckchen aus der Manteltasche und warf es auf den Tisch.

„Täusch dich nicht über mich, Dell", sagte er. „Du darfst nicht glauben, dass so etwas wie Haareschneiden oder -stutzen oder -waschen mich dahin bringen könnte, mein Mädchen weniger lieb zu haben. Aber wenn du das Päckchen auspackst, wirst du sehen, warum du mich zuerst eine Weile aus der Fassung gebracht hast."

Weiße Finger rissen hurtig an der Strippe und am Papier. Und dann ein verzückter Freudenschrei, und dann – ach! – ein schnelles weibliches Hinüberwechseln zu hysterischen Tränen und Klagen, die dem Herrn des Hauses den umgehenden Einsatz aller Trostmöglichkeiten abforderten. Denn da lagen Kämme – die Garnitur Kämme, die Della seit Langem in einem Broadway-Schaufenster angeschmachtet hatte. Wunderschöne Kämme, echt Schildpatt mit juwelenverzierten Rändern – gerade in der Schattierung, die zu dem schönen, verschwundenen Haar gepasst hätte. Es waren teure Kämme, das wusste sie, und ihr Herz hatte nach ihnen gebettelt und gebarmt, ohne die leiseste Hoffnung, sie je zu besitzen. Und nun waren sie ihr Eigen; aber die Flechten, die der ersehnte Schmuck hätte zieren sollen, waren fort. Doch sie presste sie zärtlich an die Brust und war schließlich so weit, dass sie mit feuchten Augen und einem Lächeln aufblicken und sagen konnte: „Mein Haar wächst so schnell, Jim!"

Und dann sprang Della auf wie ein gebranntes Kätzchen und rief: „Oh, oh!" Jim hatte ja noch nicht sein schönes Geschenk gesehen. Ungestüm hielt sie es ihm in der geöffneten Hand entgegen. Das leblose, kostbare Metall schien im Abglanz ihres strahlenden, brennenden Eifers zu blitzen.

„Ist die nicht toll, Jim? Die ganze Stadt habe ich danach abgejagt. Jetzt musst du hundertmal am Tag nachsehen, wie spät es ist. Gib mir die Uhr. Ich möchte sehen, wie sich die Kette dazu macht."

Statt zu gehorchen, ließ er sich auf die Chaiselongue fallen, legte die Hände im Nacken zusammen und lächelte. „Dell", sagte er, „wir wollen unsere Weihnachtsgeschenke beiseitelegen und eine Weile aufheben. Sie sind zu hübsch, als dass wir sie jetzt schon in Gebrauch nehmen sollten. Ich habe die Uhr verkauft, um das Geld für die Kämme zu haben. Wie wäre es, wenn du die Koteletts braten würdest?"

Die Weisen waren, wie ihr wisst, weise Männer – wunderbar weise Männer –, die dem Kind in der Krippe Geschenke brachten. Sie haben die Kunst erfunden, Weihnachtsgeschenke zu machen. Da sie weise waren, waren natürlich auch ihre Geschenke weise und hatten vielleicht den Vorzug, umgetauscht werden zu können, falls es Dubletten gab. Und hier habe ich euch nun schlecht und recht die ereignislose Geschichte von zwei törichten Kindern in einer möblierten Wohnung erzählt, die höchst unweise die größten Schätze des Hauses füreinander opferten. Doch mit einem letzten Wort sei den heutigen Weisen gesagt, dass diese beiden die weisesten aller Schenkenden waren. Von allen, die Geschenke geben und empfangen, sind sie die weisesten. Überall sind sie die weisesten. Sie sind die wahren Weisen.

*Rundum versöhnlich gestimmt zu sein:*
*Das ist eben der Zauber dieser Zeit.*

WILHELM SCHMID

# Das steinerne Herz

EINE ALTE OSTKIRCHLICHE LEGENDE

Ein Kaufmann war sehr reich geworden, konnte aber nie genug bekommen und wollte immer noch mehr verdienen. Als er eines Tages auf Reisen war, erschien ihm der Verführer. „Möchtest du reicher als alle werden?", fragte er ihn. „Nichts lieber als das!", sagte der Kaufmann. „Was muss ich dafür tun?" — „Du musst mir dafür dein Herz geben", sagte der Verführer.

Ohne Zögern tauschte der Kaufmann sein Herz gegen einen Stein. In nur einem Augenblick geschah das. Dann verschwand der Verführer.

In den folgenden Jahren wurde der Kaufmann reicher als alle anderen Menschen, aber auch immer verlassener und einsamer. Als er eines Tages wieder dorthin kam, wo ihm der Verführer sein Herz genommen hatte, begegnete ihm der Bischof Nikolaus von Myra.

„Warum bist du so traurig?", fragte er den Kaufmann. Da erzählte der reiche Mann seine Geschichte. Der Heilige tröstete ihn und sprach: „Du kannst wieder glücklich werden, wenn du mit deinem Geld den Armen hilfst. Geh in die Häuser der Krankheit und des Hungers und lerne die Not der Menschen sehen."

Der Kaufmann tat, wie der Bischof Nikolaus ihm geraten hatte. Mit jedem guten Wort und jeder helfenden Tat schmolz der Stein in seiner Brust, und das Herz kam wieder.

Als er starb, war aus dem armen Reichen ein reicher Armer geworden.

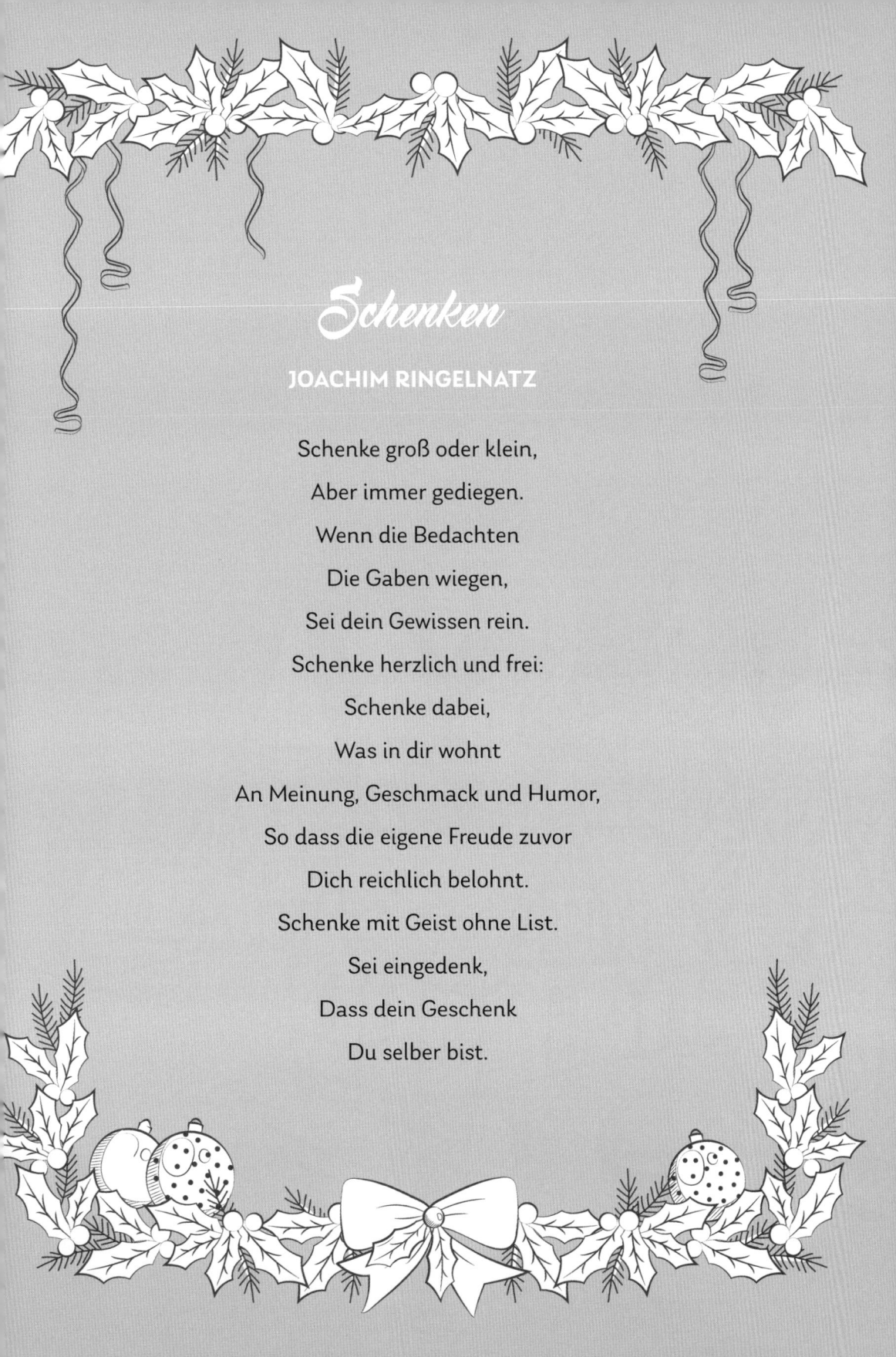

# Schenken

## JOACHIM RINGELNATZ

Schenke groß oder klein,

Aber immer gediegen.

Wenn die Bedachten

Die Gaben wiegen,

Sei dein Gewissen rein.

Schenke herzlich und frei:

Schenke dabei,

Was in dir wohnt

An Meinung, Geschmack und Humor,

So dass die eigene Freude zuvor

Dich reichlich belohnt.

Schenke mit Geist ohne List.

Sei eingedenk,

Dass dein Geschenk

Du selber bist.

HIRTEN UND
Engel

2 MINUTEN

# Eine himmlische Konferenz

### ANDREA SCHNEIDER

Seit einer Ewigkeit sitzen sie zusammen, die wichtigsten Engel. Die Flipcharts sind vollgeschrieben, die Kaffeetassen leer getrunken. Die Köpfe rauchen, die Nerven liegen blank. Aber die Aufgabe ist nach wie vor ungelöst. Der Himmel ist ratlos.

Unfassbar weit haben sich die Menschen entfernt. Sie schauen nicht mehr nach oben – Richtung Himmel. Oder nach innen – Richtung Herz. Oder auf den Menschen neben sich – Richtung Liebe. Hektisch drehen sie sich um sich selbst. Ihr Motor: Eigennutz und Profit. Das Ergebnis: Hass und Krieg. An allen Enden der Welt.

Nur wenige erkennen den großen Gott in der wunderbaren Schöpfung. Die meisten trampeln mit ihren Füßen auf ihr herum. Vergiften Flüsse und Seen. Beuten den Boden aus. Holzen den Wald ab. Quälen das Mitgeschöpf Tier.

Gott ist den Menschen fremd. Alle Versuche, seine Ideen zu vermitteln, sind gescheitert. Sie verstehen ihn nicht.

Der für Kommunikation zuständige Engel schüttelt frustriert den Kopf:

Was nur ist zu tun? Wie nur die Menschen erreichen? Wie sie locken, sich zu verändern?

Der für Katastrophen zuständige Engel hat eine Idee: Vielleicht mal wieder eine Sintflut? Sein Nachbar zuckt mit den Achseln: Hatten wir doch schon.

Nicht nur einmal. Das Erschrecken ist groß, aber nicht nachhaltig. Die Spendenbereitschaft ist erstaunlich. Aber was ändert sich wirklich?

Da zerschneidet die laute Stimme des obersten Offiziers die gedankenschwere Atmosphäre: Dann eben eine überwältigende Demonstration der himmlischen Heerscharen! Alle an Deck! Geschlossene Reihen! Alle Macht dem Himmel!

Die anderen Engel am Konferenztisch zucken zusammen. Stille. Pause.

Ein leichter Lufthauch durchzieht den Raum. Und plötzlich ist er da – der Gedanke: ein Kind! Ein Kind des Himmels für die Menschen. Zart und verletzlich. Ein Kind, das zum Streicheln lockt statt zum Schlagen. Zur Achtsamkeit statt zur Abkehr. Ein Kind, das auch ohne Worte von Liebe spricht. Vom menschlichen Gott.

Hoffnungsvolle Blicke kreuzen sich über dem Konferenztisch.

Ein Kind? Werden die Menschen diese letzte Himmelsbotschaft verstehen?

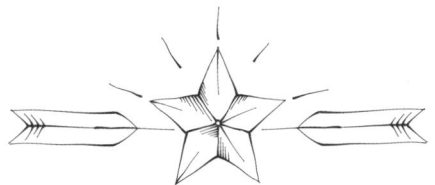

*Gott gehört alle Ehre in den höchsten Höhen! Sein Friede kommt zu den Menschen, weil er ihnen sein Wohlgefallen schenkt.*

**LUKAS 2,14 (DBU)**

6 MINUTEN

# Als ob die Hirten einen anderen Herrn hätten ...

JOSEF REDING

Brief des Pächters Ibrahim an Ben Charub, Eigentümer eines Grundstückes mit Stallungen vor Bethlehem.

**M**ächtiger, gefürchteter und geliebter Ben Charub!

Die drei Drachmen Pachtzins überbringt dir hiermit wie alljährlich um diese Zeit als Bote mein begabter Neffe Lom. Zum Geld aber habe ich dir einen Brief beilegen müssen für diesmal, einen Brief, den ich dem Schutzkundigen Echail aufgesagt habe, wobei ich ihn um mögliche Kürze bat, da er sich jedes Wort bezahlen lässt – der Schlaufuchs – und oft ins Blumenreiche gerät.

Großer Ben Charub, auf deinem Grundstück und in dem Stall, den deine Güte und Menschlichkeit mir zur Pacht erlassen haben, ist Ungewöhnliches geschehen. Ich möchte gleich bitten, erhabener Eigentümer, die Ursachen dieser Geschehnisse nicht bei mir zu suchen. Ich bin nur Pächter und habe schon Mühe, mich in meiner Familie und meinem Hauswesen durchzusetzen – du kennst mein Weib Rachel –, und ich besitze nicht einmal einen Abglanz von der Stärke unseres unvergleichlichen Kaisers Augustus, der die Volkszählung anordnete. Mit dieser Volkszählung begann alles, was dein Grundstück und deinen Stall in Mitleidenschaft gezogen hat. Es kamen Scharen von Auswärtigen in unseren Ort, wenige Bekannte nur, die meisten wildfremd.

Die Menschenmengen brachten Unruhe in unsere Gassen und schreckten auch nicht vor den Schwellen unserer Häuser zurück, wenn sie Speise oder eine Schlafstatt brauchten. Manche beriefen sich auf verwandtschaftliche Bande, an die man sich bei uns kaum erinnern konnte. Zu mir kam zum Beispiel ein gewisser Joseph, der behauptete, vor vierzig Jahren in meinem Haus geboren und ein Vetter von mir zu sein. Das mochte stimmen – oder auch nicht. Im Gesicht konnte ich eine Familienähnlichkeit nicht ausmachen; nun, der Mann sah etwas struppig, aber sonst harmlos aus. Er hatte ein junges Mädchen bei sich, das ein Kind erwartete.

Nach einigem Zögern wollte ich sie einlassen, als Rachel mich von hinten anstieß und mir zuflüsterte, welche Scherereien die beiden uns ins Haus bringen würden: Aufregung, Arbeit und Lauferei. Und da Rachel in solchen  Dingen und allen anderen recht hat, musste ich bedauernd die Schultern heben und die Tür langsam wieder zumachen und dann fest verschließen.

Und dieser Joseph und seine Frau müssen es gewesen sein, die ohne Erlaubnis den Stall aufgesucht und sich für einige Wochen darin eingerichtet haben. Und die Frau hat ihr Kind dort zur Welt gebracht. Wie gesagt, von mir aus hatten sie für nichts eine Erlaubnis, aber wer fragt denn heutzutage schon nach der Erlaubnis eines Pächters. Wenn's wenigstens noch der Eigentümer gewesen wäre! Mit einem Wort: Es waren Stallbesetzer!

Nun haben diese beiden, dieser Joseph und seine Frau, den Stall eigentlich recht ordentlich gehalten, manches sah nachher sogar besser als vorher aus: Die Tür war instand gesetzt und vier Dachsparren waren säuberlich geflickt; der Mann muss handwerkliches Geschick haben. Aber dafür fehlte einiges an Futtergetreide, und auch ein paar Strohgarben waren zerlegen und zu Häcksel geworden.

Und dieses Paar und das Kind müssen viele Besucher gehabt haben, ganze Volksscharen von Besuchern: Der Vorplatz ist arg zertrampelt, und mehrere Feuerstellen haben das Gras bis zur Wurzel versengt. Das dauert Jahre, bis das nachwächst. Von der Handelsstraße bis zum Stall ist ein richtiger Weg entstanden, was für uns unangenehm ist, da jetzt manche Reisenden irre-geführt werden und den neuen Pfad entlanggehen in der Hoffnung, auf eine Karawanserei zu stoßen. Aber das Schlimmste sind nicht diese äußeren Veränderungen. Da ist in den Dingen selbst etwas anders geworden: im Holz, in den Gräsern, tief im Boden, in den Tieren – ja, und in den Menschen, Ben Charub, du Kenner der Menschen in ihren Unarten und Eigenarten.

Als ich im Stall nach dem Rechten sah und die Hirten über Vorgänge zur Rede stellte, kümmerten sich diese Männer kaum um mich. Sie ließen den früheren angenehmeren Gehorsam vermissen. Sie blickten durch mich hindurch und sahen aus, als ob sie nicht mehr deine Bediensteten, sondern anderweitig Beschäftigte wären. Ich kann es nicht richtig erklären. Vielleicht doch: Die Hirten sahen aus, als ob sie einen anderen Herrn angenommen hätten. Da müsstest du, edler Charub, als rechtmäßiger Eigentümer dieser Gegend und ihrer Menschen doch sofort etwas unternehmen!

Das Paar und das Kind sind schon seit einiger Zeit fort. Die Familie soll plötzlich aufgebrochen und bei Nacht über die Grenze gegangen sein.

Seit der Flucht dieses Josephs und seiner Frau und dem Kind fehlt auch mein Esel Guman, den ich in deinem Stall stehen hatte. Aber ein Hirtenjunge brachte mir eine Nachricht von dieser Familie: Sie habe den Esel dringend gebraucht und hier sei die Bezahlung, ein Stückchen Gold.

Nun, der Kaufpreis war ja reichlich, und ich habe mir von diesem Goldstück ein stärkeres Tragtier als diesen klapprigen Guman angeschafft, sodass wir diese Angelegenheit rasch vergessen können.

Nur das mit den veränderten Menschen, das solltest du hier auf deinem Grund und Boden überprüfen lassen. Ich sehe deiner Ankunft entgegen und bin bis dahin

*dein dankbarer und besorgter Pächter Ibrahim*

# Vor Gott geht's göttlich her

## MATTHIAS CLAUDIUS

Vor Gott geht's göttlich her;

und nicht nach Stand und Würden.

Herodem lässt er leer,

mit seinem ganzen Heer;

und Hirten auf dem Felde bei den Hürden

erwählet er.

Saßen da und hüteten im Dunkeln ihre Herde

mit unbefangenem frommen Sinn;

da stand vor ihnen, an der Erde,

der Engel Gottes und trat zu ihnen hin,

und sie umleuchtete des Herrn Klarheit;

und er sagte ihnen die Wahrheit.

Und eilend auf sie standen,

gen Bethlehem zu gehen;

und kamen hin und fanden,

ohn weiters zu verstehn,

Mirjam und Joseph beide,

und in der Krippen lag zu ihrer großen Freude

in seinem Windelkleide

aus Grummet von der Weide

der Knabe wunderschön.

6 MINUTEN

# Wie man zum Engel wird

RUTH SCHMIDT-MUMM

Wie jedes Jahr sollte auch in diesem die sechste Klasse das weihnachtliche Krippenspiel aufführen. Mitte November begann Lehrer Larssen mit den Vorbereitungen, wobei zunächst die verschiedenen Rollen mit begabten Schauspielern besetzt werden mussten.

Thomas, der für sein Alter hochgeschossen war und als Ältester von vier Geschwistern häufig ein ernstes Betragen an den Tag legte, sollte den Joseph spielen, Tinchen, die lange Zöpfe hatte und veilchenblaue Augen, wurde einstimmig zur Maria gewählt, und so ging es weiter, bis alle Rollen verteilt waren – bis auf die des engherzigen Wirts, der Maria und Joseph, die beiden Obdachsuchenden, von seiner Tür weisen sollte. Es war kein Junge mehr übrig. Die beiden Schülerinnen, die ohne Rolle ausgegangen waren, zogen es vor, sich für „wichtige Arbeiten hinter der Bühne" zu melden. Joseph, alias Thomas, hatte den rettenden Einfall. Sein kleiner Bruder würde durchaus in der Lage sein, diese unbedeutende Rolle zu übernehmen, für die ja nicht mehr zu lernen war als ein einziger Satz, nämlich im rechten Augenblick zu sagen, dass kein Zimmer frei sei.

Lehrer Larssen stimmte zu, dem kleinen Tim eine Chance zu geben. Also erschien Thomas zur nächsten Probe mit Tim an der Hand, der keinerlei Furcht zeigte. Er wollte den Wirt gerne spielen. Mit Wirten hatte er gute Erfahrungen gemacht, wenn die Familie in den Ferien verreiste. Er bekam eine blaue Mütze auf den Kopf und eine Latzschürze umgebunden; die Herberge selbst war, wie alle anderen Kulissen, noch nicht fertig. Tim stand also mitten auf der leeren Bühne, und es fiel ihm leicht zu sagen, nein, er habe nichts, als Joseph ihn drehbuchgetreu mit Maria an der Hand nach einem Zimmer fragte.

Wenige Tage darauf legte Tim sich mit Masern ins Bett und es war reines Glück, dass er zum Aufführungstag gerade noch rechtzeitig wieder auf die Beine kam. In der Schule herrschten Hektik und Feststimmung, als er mit seinem großen Bruder eine Stunde vor Beginn der Weihnachtsfeier erschien. Auf der Bühne hinter dem zugezogenen Vorhang blieb er überwältigt vor der Attrappe seiner Herberge stehen: Sie hatte ein vorstehendes Dach, eine aufgemalte Laterne und ein Fenster, das sich aufklappen ließ. Thomas zeigte ihm, wie er auf das Klopfzeichen von Joseph die Läden aufstoßen sollte. Die Vorstellung begann. Joseph und Maria betraten die Bühne, wanderten schleppenden Schrittes zur Herberge und klopften an. Die Fensterläden öffneten sich und heraus schaute Tim unter seiner großen Wirtsmütze. „Habt ihr ein Zimmer frei?", fragte Joseph mit müder Stimme. „Ja, gerne", antwortete Tim freundlich.

Schweigen breitete sich aus im Saal und erst recht auf der Bühne. Joseph versuchte vergeblich irgendwo zwischen den Kulissen Lehrer Larssen mit einem Hilfezeichen zu entdecken. Maria blickte auf ihre Schuhe.

„Ich, ich, ich glaube, Sie lügen", entrang es sich schließlich Josephs Mund. Die Antwort aus der Herberge war ein unüberhörbares „Nein". Dass die Vorstellung dennoch weiterging, war Josephs Geistesgegenwart zu verdanken. Nach einer weiteren Schrecksekunde nahm er Maria an der Hand und wanderte ungeachtet des Angebots weiter bis zum Stall.

Hinter der Bühne waren inzwischen alle mit dem kleinen Tim beschäftigt. Lehrer Larssen hatte ihn zunächst vor dem Zorn der anderen Schauspieler in Schutz nehmen müssen, bevor er ihn zur Rede stellte. Tim erklärte, dass

Joseph eine so traurige Stimme gehabt hätte, da hätte er nicht Nein sagen können, und zu Hause hätten sie auch immer Platz für alle, notfalls auf der Luftmatratze.

Herr Larssen zeigte Mitgefühl und Verständnis. Dies sei doch eine Geschichte, erklärte er, und die müsse man genauso spielen, wie sie aufgeschrieben sei – oder würde Tim zum Beispiel seiner Mutter erlauben, dasselbe Märchen einmal so und dann wieder ganz anders zu erzählen, etwa mit einem lieben Wolf und einem bösen Rotkäppchen? Nein – das wollte Tim nicht, und bei der nächsten Aufführung wollte er sich Mühe geben, ein böser Wirt zu sein; er versprach es dem Lehrer in die Hand. Die zweite Aufführung fand im Gemeindesaal der Kirche statt und war, wenn überhaupt möglich, für alle Beteiligten noch aufregender. Unter ärgsten Androhungen hatte Thomas seinem kleinen Bruder eingebläut, dieses Mal auf Josephs Anfrage mit einem klaren „Nein" zu antworten.

Der große Saal war voll bis zum letzten Sitzplatz. Dann ging der Vorhang auf, das heilige Paar erschien und wanderte – wie es aussah etwas zögerlich – auf die Herberge zu.

Joseph klopfte an die Läden, aber alles blieb still. Er pochte erneut, aber sie öffneten sich nicht. Maria entrang sich ein Schluchzen.

Schließlich rief Joseph mit lauter Stimme: „Hier ist wohl kein Zimmer frei?" In die schweigende Stille, in der man eine Nadel hätte fallen hören, ertönte ein leises, aber deutliches „Doch!".

Für die dritte und letzte Aufführung des Krippenspiels in diesem Jahr wurde Tim seiner Rolle als böser Wirt enthoben. Er bekam Stoffflügel und wurde zu den Engeln im Stall versetzt.

Sein „Halleluja" war unüberhörbar, und es bestand kein Zweifel, dass er endlich am richtigen Platz war.

5 MINUTEN

# So war das mit den Engeln

THEODOR LEONHARD

Streit war ausgebrochen unter den Engeln. Die besten Sänger hatte der Herr zu einem Chor zusammengestellt. Mit feierlicher, fast erregter Stimme hatte er sie mit einem besonderen Auftrag versehen. Sie sollten weit fort bei der Geburt des Sohnes ihres Herrn singen.

Auf dem Weg dorthin war nun Streit unter ihnen ausgebrochen. Zwei kleine Engelchen, auf der untersten Stufe der Engelhierarchie, behaupteten, der Herr hätte ihnen aufgetragen, sie sollten bei diesem Ereignis einen anderen Text singen. Bisher pflegten sie immer in den verschiedensten Variationen denselben Text zu singen: „Ehre sei Gott in der Höhe." Und es war wirklich beeindruckend, ihnen zuzuhören, was sie aus dem Text mit ihren Instrumenten und mit ihren Stimmen alles herausholten.

Aber nun war Streit unter ihnen ausgebrochen. Jene zwei schon erwähnten Engelchen, das eine mit krummen Beinen, das andere mit weit abstehenden Flügeln, behaupteten, der Herr hätte ihnen dieses Mal einen anderen Text aufgetragen.

Einige der anderen Engel waren unsicher. Seltsam war es schon, wie der Herr zu ihnen gesprochen hatte. Aber er hatte manches Mal seine unberechenbaren Launen. Besonders auffällig war in der letzten Zeit seine offenkundige Sympathie für die Menschen auf der Erde. Das führte schon seit einiger Zeit zu seltsamen Entschlüssen des Herrn. Der Höhepunkt dieser

Sympathie für die Menschen war, dass der Herr ausgerechnet bei diesen Menschen seinen Sohn geboren werden ließ. Völlig unverständlich für die Engel. So musste wenigstens gerettet werden, was noch zu retten war, dachte sich der Erzengel und Obersänger. Das unverständliche Ereignis musste wenigstens mit himmlischer Sphärenmusik umrahmt werden. Die Menschen sollten bei der Geburt wissen, dass sie es mit dem Herrn und nicht mit einem ihresgleichen zu tun hatten. Der Erzengel und seine treuen Diener wussten, was sie ihrem Herrn schuldig waren. Nur diese zwei Engelchen machten Schwierigkeiten und brachten Unruhe unter die Engelschar. Sie behaupteten, der Herr hätte ihnen einen neuen Text aufgetragen. Sie sollten nicht mehr singen: „Ehre sei Gott in der Höhe", sondern „Ehre sei Gott in der Tiefe". So unrecht hatten sie ja gar nicht. Der Erzengel hatte es ja auch gehört. Aber das ging nun wirklich über seine himmlische Hutschnur. Das konnte nicht wahr sein, dass Engel plötzlich nicht mehr die himmlische Höhe, sondern die irdische Tiefe besingen sollten. So weit konnte auch ein Engel nicht den Launen seines Herrn folgen. Und außerdem waren es ja zwei Engelchen ganz unten in der Hierarchie, die so nachhaltig auf dem neuen Text beharrten. Die wollten sich doch nur wichtigmachen und sich in den Augen des Herrn hervortun. Man kannte sie ja, diese Unruhestifter, die immer etwas Neues wollten. Mit einem scharfen, fast drohenden Blick beendete der Erzengel den ausgebrochenen Streit. Er ermahnte die beiden Aufsässigen, sie sollten sich an das Gewohnte halten, ansonsten sei ihre himmlische Karriere beendet, bevor sie richtig begonnen habe.

Von Weitem sahen sie die hell erleuchtete Stadt Jerusalem. Aber der Stern, der ihnen als Wegweiser mitgegeben war, zeigte ihnen deutlich, dass ihr Weg weiterführte auf ein Hirtenfeld nahe bei dem fast unbekannten Provinznest Bethlehem. So richtige Stimmung wollte bei den Engeln in dieser Umgebung gar nicht aufkommen. Vor ein paar erschrockenen Hirten hatten sie noch nie Musik gemacht.

Nur zwei kleine Engelchen fielen den Hirten besonders auf, das eine mit den krummen Beinen, das andere mit den abstehenden Flügeln. Sie sangen besonders fröhlich und hüpften lustig auf dem Feld herum. Und als der mit den krummen Beinen ganz nah an einem Hirten vorbeikam, flüsterte er ihm leise ins Ohr, sodass es der Erzengel nicht hören konnte: „Ehre sei Gott in der Tiefe." Da wurde der erschrockene Hirte ganz froh, und später erzählte er es seinen Freunden und die wurden auch froh, und der neue Text des himmlischen Herrn hatte sich bald herumgesprochen.

10 MINUTEN

# Wem die Hirten in der Christnacht begegneten

ALBRECHT BINETSCH

Als die Hirten das Kind gesehen und ihm aus ihrer Armut für seine Armut etwas geschenkt hatten — ein Töpfchen Milch, ein Schaffell natürlich, ein Lächeln und ein Lied —, da gingen sie zuerst in die schlafende Stadt und, so heißt es in der Schrift, „breiteten die Botschaft aus, die ihnen von diesem Kinde gesagt worden war. Und alle, denen sie zu Ohren kam, wunderten sich."

Wem könnten die Hirten begegnet sein? Sagen wir, sie waren zu dritt: Jo, der Oberhirt, dann der Alte und Benja, der Hütejunge. Also — wer ist noch unterwegs bei Nacht? Und am Morgen, ehe die Sonne über den Berg springt? Werden die Leute aufhorchen und sich einen Augenblick Zeit nehmen für die Botschaft?

Am Stadttor trafen die Hirten den Soldaten. Er stand und starrte in die Nacht. „Grüß dich Gott, Soldat", sagten die Hirten. – „Stört mich nicht! Ich wache", sagte der Soldat, „der Feind könnte kommen." – „Gut, gut. Wache nur. Aber unsere Nachricht muss dich auch beim Wachen stören. Denn für dich und deine Stadt ist heute der Heiland geboren, Christus, der Herr." – „Für mich?", fragte der Soldat und schaute einen Augenblick von seiner Pflicht weg. „Für mich gibt es nur den Herrn General und die Feinde!" – „Und wir", riefen die Hirten im Weitergehen, „wir haben außerdem noch den Frieden gesehen." – „Den Frieden? Wo?", fuhr aufgeregt der Soldat herum. – „In

einer Krippe", hörte er die anderen noch rufen. „Hm", dachte der Soldat langsam, „ob ich beim Frieden Soldat werden soll anstatt beim General?" Er wachte fertig bis zur Ablösung, und beim Weggehen dachte er immer noch: „Hm."

In einer dunklen Gasse stießen die Hirten auf den Räuber.

„Hände hoch", schrie der Räuber, „Überfall!" – „Grüß dich Gott, Räuber", sagten die Hirten, „warum raubst du?" – „Dummes Gerede", schnarrte der Räuber, „wer nicht raubt, kommt zu kurz. Taschen leeren!" – Die Hirten drehten ihre Taschen um. Es war nichts drin. „Du siehst, wir haben nichts für deinen Sack. Aber für dich haben wir eine Nachricht, die bekommst du umsonst: Für dich ist heute der Heiland geboren, Christus, der Herr." – „Für mich?", murmelte der Räuber und ließ das Messer sinken. „Für mich gäbe es etwas, was ich mir nicht rauben muss? Das glaube ich nicht. Umsonst ist nur der Strick." – „Geh doch hin, Räuber, und schau es dir an, das Kind im Stall." – „Mich lässt es nicht ein, mich nicht. Ich bin der Räuber ein für alle Mal", seufzte der Räuber. – „Nein", meldete sich da Benja, der Hütejunge, der sich im ersten Schreck hinter dem Alten verkrochen hatte, „ich hab ein schwarzes Schaf. Das ist bei dem Kind an der Krippe schon die halbe Nacht." Der Räuber runzelte die Stirn: „Das schwarze Schaf, sagst du? Und keiner jagt es weg?" – „Keiner", sagten die Hirten wie aus einem Munde und gingen weiter.

„Grüß dich Gott, Bettlerin", sagten die Hirten, als sie zum Marktplatz kamen. „Du frierst ja jämmerlich. Du brauchst einen Mantel." Und Jo, der Oberhirt, legte ihr seinen Mantel um die Schultern. Die Bettlerin wachte aus ihrer Erstarrung auf: „Wer seid ihr? Seid ihr Engel?" Die Hirten lachten: „So haben wir uns heute Nacht auch schon einmal gefragt; und es waren wirklich Engel. Was uns betrifft: Nimm's an, wie's dir begegnet, Bettlerin. Normalerweise nennt man uns Hirten." – „Was lauft ihr hier mitten in der Nacht in der Stadt herum? Doch nicht wegen mir?", fragte die Bettlerin. – „Doch, wegen dir; denn für dich ist heute der Heiland geboren, Christus, der

Herr", riefen die Hirten. – „Danke, Hirten", lächelte die Bettlerin, „das habe ich begriffen." Und sie griff nach dem Hirtenmantel und zog ihn enger um ihren frierenden Leib.

„Wer trampelt denn da so laut übers Pflaster?", schimpfte der reiche Mann aus seinem Fenster heraus. – „Grüß dich Gott, Reicher", sagten die Hirten höflich. „Wir hätten eine Nachricht für dich." – „Keine Zeit, keine Zeit! Ich zähle mein Geld. Wegen eurem Lärm habe ich mich verzählt." – „Warum zählst du dein Geld?", fragten die Hirten. – „Damit ich weiß, wie wenig ich noch habe." – „Und was machst du mit deinem Geld, Reicher?" – „Ich vermehre es." – „Und wenn du genug davon hast?" – „Ich habe nie genug." – „Schade für unsere Botschaft", sagten ein wenig ratlos die Hirten, „sie wird dir nicht genug sein." – „Sagt sie trotzdem, schnell, damit ich wieder ans Zählen komme", drängte der Reiche. – „Für dich ist heute der Heiland geboren", sagten die Hirten mit einem Schimmer von Hoffnung, „Christus, der Herr." – „Stimmt", entgegnete der Reiche, „das ist mir zu wenig." Und er machte sein Fenster zu.

In jener Nacht wollte und wollte seine Kasse nicht stimmen. Immer war ein Silberstück zu viel darin. (Später, nach unruhigem Schlaf, als es schon halber Tag war, rief er noch im Schlafrock seinen Kutscher herbei, gab ihm ein großes Silberstück und sagte: „Fahr, Dicker, und such die Hirten auf dem Feld. Sie haben mir heute Nacht etwas erzählt. Ob sie noch mal kämen. Ich möchte es nochmals hören.")

Die Hirten schauten sich um, wo sie sich ein paar Minuten verschnaufen könnten. Es wurde schon ein wenig hell. Auf der Bank vor dem Wirtshaus saß der Trinker und stocherte mit dem Stock auf dem Boden herum. „Grüß dich Gott, Trinker", sprachen die Hirten ihn an. „Suchst du etwas?" – „Ja", lallte der Trinker, „ich suche meine Mutter." – „Wir haben sie gefunden, Trinker", sagten die Hirten. – „Ausgeschlossen", raunzte der Trinker, „ich bin ein Fass ohne Boden." Und er setzte die Flasche an. – „Für dich ist heute der Heiland geboren, Christus, der Herr", sagte der Alte. Der Trinker hielt inne.

„Für mich?", fragte er erschrocken und verstummte. Plötzlich rannen ihm zwei Tränen über die Backen. „Für mich, für mich", heulte er los. Die Flasche war ihm entglitten und kollerte in den Rinnstein. Die Hirten schlichen sich hilflos von ihm weg. „Geht weiter", sagte nach ein paar Schritten der Alte, „ich bleibe bei ihm. Ich hätte es schon lange tun müssen. Er ist mein Balder. Jetzt erst sehe ich ihn." Und der Alte blieb.

Die beiden anderen gingen weiter. Inzwischen war es Tag geworden.

Der Zeitungsjunge rannte die Straße herauf: „Extrablatt! Im Kaiserhaus ein Sohn geboren. Extrablatt! Kleiner Augustus ist da." – „Grüß dich Gott, Zeitungsjunge", sagten die Hirten. – „Wollt ihr ein Extrablatt, Hirten?", keuchte der Junge und hielt ihnen sein Blatt hin. – „Wir haben schon unsere neueste Nachricht. Nämlich eine von hier", antworteten die Hirten. — „Von hier?", spottete der Zeitungsjunge. „Was ist schon Bethlehem gegen Rom? Ein Stall gegen einen Palast!" – „Aber die Nachricht ist näher", sagte Benja, der Hirtenjunge, „sie heißt: Für dich ist heute der Heiland geboren, Christus, der Herr." — „Pah", prahlte der Zeitungsjunge, „Herr ist Augustus, Heiland ist Augustus, Sohn." Und er wandte sich zum Weiterlaufen. Benja hielt ihn am Ärmel zurück: „Hast du einen Freund?" – „Ich?" Der Junge stockte, dann sagte er leise: „Nein." – „Ich möchte gerne dein Freund sein", sagte Benja und schaute ihm ins Gesicht. „Warum?", sagte der Zeitungsjunge. „Ich bin doch nicht wichtig. Nur meine Nachrichten sind wichtig." – Benja: „Deine Nachricht stammt aus Rom. Rom ist weit. Unsere Nachricht ist hier geschehen. Hier, weil du wichtig bist. Das wissen wir seit heute. Und deshalb: Ich möchte dein Freund sein." – „Hm, gut, ist mir gleich", warf der Zeitungsjunge lässig hin, aber es gelang ihm nicht, gleichgültig genug auszusehen. „Wann treffen wir uns?" – „Heut Nachmittag", sagte Benja, „ich zeig dir den Stall – gegen den Palast." – „Einverstanden", rief der Junge im Wegrennen, und jetzt versuchte er nicht mehr, seine Freude zu verbergen. Er schwenkte eine seiner Zeitungen und schrie in den Morgen hinein: „Extrablatt! Für euch ist heute der Heiland geboren, Christus, der Herr." Da lachte Benja, der Hirtenjunge, hinter ihm her, und zu Jo sagte er: „Jetzt hat er doch tatsächlich seine Nachrichten verwechselt."

Im Weitergehen sahen sie ein kleines Mädchen über die Haustreppe hüpfen. „Grüß dich Gott, Mädchen", riefen sie ihm zu. – „Ah, ihr seid es, die Hirten. Wollt ihr mit mir hüpfen?", antwortete das Kind. – „Wollen schon, aber wir sind sicher zu ungeschickt dazu und außerdem: Wir haben es eilig, wir haben eine Nachricht." – „Wenn ihr keine Zeit habt, taugt eure Nachricht nicht", sagte das Kind. Die Hirten kamen ein bisschen näher. „Wie geht denn dein Spiel?", fragten sie beschämt. – „Wir Kinder hüpfen immer das Spiel Schenk-mir-die-Welt. Kennt ihr das?" – „Vielleicht", sagten die Hirten. „Unsere Nachricht passt dazu: Für dich ist heute der Heiland geboren, Christus, der Herr." Das Mädchen sprang auf: „Ein kleines Kind? Kleiner als ich? Wo ist es, Hirten? Ich möchte es sehen." – „Komm, wir zeigen es dir." Später auf dem Weg zum Stall fragte das Mädchen: „Wird unser Kind mit mir spielen?" – „Gewiss", sagten die Hirten, „das Spiel Schenk-mir-die-Welt. Niemand kann es so schön spielen wie unser Kind." – „Was wird es mir denn zuerst schenken?", wollte das Mädchen wissen. – „Das Vertrauen", sagten die Hirten, und dann waren sie beim Stall und bei der Krippe angelangt.

# O Freudenzeit, o Wundernacht

**JOHANNES RIST**

O Freudenzeit, o Wundernacht,
dergleichen nie gefunden,
du hast den Heiland hergebracht,
der alles überwunden,
du hast gebracht den starken Mann,
der Feuer und Wolken zwingen kann,
von dem die Himmel zittern
und alle Berg' erschüttern.

Brich an, du schönes Morgenlicht,
und lass den Himmel tagen!
Du Hirtenvolk, erschrecke nicht,
weil dir die Engel sagen,
dass dieses schwache Knäbelein
soll unser Trost und Freude sein,
dazu den Satan zwingen
und letztlich Frieden bringen.

Lob, Preis und Dank, Herr Jesus Christ,
sei dir von mir gesungen,
dass du mein Bruder worden bist
und hast die Welt bezwungen,
hilf, dass ich deine Gütigkeit
stets preis' in dieser Gnadenzeit
und mög' hernach dort oben
in Ewigkeit dich loben.

5 MINUTEN

# Vom Engel, der nicht mitsingen wollte

WERNER REISER

Als die Menge der himmlischen Heerscharen über den Feldern von Bethlehem jubelte: „Ehre sei Gott in der Höhe und Friede den Menschen auf Erden", hörte ein kleiner Engel plötzlich zu singen auf. Obwohl er im unendlichen Chor nur eine kleine Stimme war, machte sich sein Schweigen doch bemerkbar. Engel singen in geschlossenen Reihen, da fällt jede Lücke sogleich auf. Die Sänger neben ihm stutzten und setzten ebenfalls aus. Das Schweigen pflanzte sich rasch fort und hätte beinahe den ganzen Chor ins Wanken gebracht, wenn nicht einige unbeirrbare Großengel mit kräftigem Anschwellen der Stimmen den Zusammenbruch des Gesanges verhindert hätten. Einer von ihnen ging dem gefährlichen Schweigen nach. Mit bewährtem Kopfnicken ordnete er das weitere Singen in der Umgebung und wandte sich dem kleinen Engel zu.

„Warum willst du nicht singen?", fragte er ihn streng. Er antwortete: „Ich wollte ja singen. Ich habe meinen Part gesungen bis zum ‚Ehre sei Gott in der Höhe'. Aber als dann das mit dem ‚Frieden auf Erden unter den Menschen' kam, konnte ich nicht mehr weiter mitsingen. Auf einmal sah ich die vielen Soldaten in diesem Land und in allen Ländern. Immer und überall verbreiten sie Krieg und Schrecken, bringen Junge und Alte um und nennen das Frieden. Und auch wo nicht Soldaten sind, herrschen Streit und Gewalt, fliegen Fäuste und böse Worte zwischen den Menschen und regiert die Bit-

terkeit gegen Andersdenkende. Es ist nicht wahr, dass auf Erden Friede unter den Menschen ist, und ich singe nicht gegen meine Überzeugung! Ich merke doch den Unterschied zwischen dem, was wir singen, und dem, was auf Erden ist. Er ist für mein Empfinden zu groß, und ich halte diese Spannung nicht länger aus."

Der große Engel schaute ihn lange schweigend an. Er sah wie abwesend aus. Es war, als ob er auf eine höhere Weisung lauschen würde. Dann nickte er und begann zu reden: „Gut. Du leidest am Zwiespalt zwischen Himmel und Erde, zwischen der Höhe und der Tiefe. So wisse denn, dass in dieser Nacht ebendieser Zwiespalt überbrückt wurde. Dieses Kind, das geboren wurde und um dessen Zukunft du dir Sorgen machst, soll unseren Frieden in die Welt bringen. Gott gibt in dieser Nacht seinen Frieden allen und will auch den Streit der Menschen gegen ihn beenden. Deshalb singen wir, auch wenn die Menschen dieses Geheimnis mit all seinen Auswirkungen noch nicht hören und verstehen. Wir übertönen mit unserem Gesang nicht den Zwiespalt, wie du meinst. Wir singen das neue Lied." Der kleine Engel rief: „Wenn es so ist, singe ich gerne weiter."

Der große schüttelte den Kopf und sprach: „Du wirst nicht mitsingen. Du wirst einen anderen Dienst übernehmen. Du wirst nicht mit uns in die Höhe zurückkehren. Du wirst von heute an den Frieden Gottes und dieses Kindes zu den Menschen tragen. Tag und Nacht wirst du unterwegs sein. Du sollst an ihre Häuser pochen und ihnen die Sehnsucht nach ihm in die Herzen legen. Du musst bei ihren trotzigen und langwierigen Verhandlungen dabei sein und mitten ins Gewirr der Meinungen und Drohungen deinen Gedanken fallen lassen. Du musst ihre heuchlerischen Worte aufdecken und die anderen gegen die falschen Töne misstrauisch machen. Sie werden dir die Türe weisen, aber du wirst auf den Schwellen sitzen bleiben und hartnäckig warten. Du musst die Unschuldigen unter deine Flügel nehmen und ihr Geschrei an uns weiterleiten. Du wirst nichts zu singen haben, du wirst viel zu weinen und zu klagen haben. Du hast es so gewollt. Du

liebst die Wahrheit mehr als das Gotteslob. Dieses Merkmal deines Wesens wird nun zu deinem Auftrag. Und nun geh. Unser Gesang wird dich begleiten, damit du nie vergisst, dass der Friede in dieser Nacht zur Welt gekommen ist."

Der kleine Engel war unter diesen Worten zuerst noch kleiner, dann aber größer und größer geworden, ohne dass er es selber merkte. Er setzte seinen Fuß auf die Felder von Bethlehem. Er wanderte mit den Hirten zu dem Kind in der Krippe und öffnete ihnen die Herzen, dass sie verstanden, was sie sahen. Dann ging er in die weite Welt und begann zu wirken. Angefochten und immer neu verwundet, tut er seither seinen Dienst und sorgt dafür, dass die Sehnsucht nach dem Frieden nie mehr verschwindet, sondern wächst, Menschen beunruhigt und dazu antreibt, Frieden zu suchen und zu schaffen. Wer sich ihm öffnet und ihm hilft, hört plötzlich wie von ferne einen Gesang, der ihn ermutigt, das Werk des Friedens unter den Menschen weiterzuführen.

## Die heilige Nacht

### EDUARD MÖRIKE

Gesegnet sei die heilige Nacht,
die uns das Licht der Welt gebracht!

Wohl unterm lieben Himmelszelt
die Hirten lagen auf dem Feld.

Ein Engel Gottes, licht und klar,
mit seinem Gruß tritt auf sie dar.

Vor Angst sie decken ihr Angesicht,
da spricht der Engel: „Fürcht't euch nicht!

Ich verkünd euch große Freud:
Der Heiland ist geboren heut."

Da gehn die Hirten hin in Eil,
zu schaun mit Augen das ewig Heil;

zu singen dem süßen Gast Willkomm,
zu bringen ihm ein Lämmlein fromm. –

Bald kommen auch gezogen fern
die Heil'gen Drei König' mit ihrem Stern.

Sie knien vor dem Kindlein hold,
schenken ihm Myrrhen, Weihrauch, Gold.

Vom Himmel hoch der Engel Heer
frohlocket: „Gott in der Höh sei Ehr!"

# Der Nachweihnachtsengel

### DIETRICH MENDT

Als ich dieses Jahr meine Pyramide und die Krippe und die 32 Weihnachtsengel wieder einpackte, behielt ich den letzten in der Hand. „Du bleibst", sagte ich, „du kommst auf meinen Schreibtisch. Ich brauche ein bisschen Weihnachtsfreude für das ganze Jahr." „Da hast du aber Glück gehabt", sagte er. „Wieso?", fragte ich ihn. „Na, ich bin doch der einzige Engel, der reden kann." Stimmt! Jetzt erst fiel es mir ein. Ein Engel, der reden kann? Das gibt es ja gar nicht. In meiner ganzen Verwandtschaft und Bekanntschaft ist das noch nicht vorgekommen. Da hatte ich wirklich Glück gehabt.

„Wieso kannst du eigentlich reden? Das gibt es doch gar nicht. Du bist doch aus Holz!" „Das ist so. Nur wenn jemand nach Weihnachten einen Engel zurückbehält, nicht aus Versehen oder weil er sich nichts dabei gedacht hat, sondern wegen der Weihnachtsfreude, wie bei dir, dann können wir reden. Aber es kommt ziemlich selten vor. Übrigens heiße ich Heinrich." „Heinrich? Bist denn du ein Junge? Du hast doch ein Kleid an." Heinrich trägt nämlich ein langes rotes Gewand. „Das ist reine Modefrage. Hast du schon einmal einen Engel in Hosen gesehen? Na also." Seitdem steht Heinrich auf meinem Schreibtisch. In seinen Händen trägt er einen goldenen Papierkorb, oder vielmehr einen Müllkorb. Ich dachte erst, es sei nur ein Kerzenhalter, aber da hatte ich mich geirrt, wie ihr gleich sehen werdet.

Heinrich stand gewöhnlich still an seinem Platz, hinter der rechten Ecke meiner grünen Schreibunterlage (Grün und Rot passen so gut zusammen!) und direkt vor ein paar Büchern, zwei Bibeln, einem Gesangsbuch, einem Bändchen mit Gebeten und den Herrnhuter Losungen. Und wenn ich mich über irgendetwas ärgere, hält er mir seinen Müllkorb hin und sagt: „Wirf rein!" Ich werfe meinen Ärger hinein – und weg ist er! Manchmal ist es ein kleiner Ärger, zum Beispiel wenn ich wieder meinen Kugelschreiber verlegt habe oder eine fremde Katze in unserer Gartenlaube vier Junge geworfen hat. Es kann aber auch ein großer Ärger sein oder eine große Not oder ein großer Schmerz, mit dem ich nicht fertigwerde, zum Beispiel als kürzlich ein Vater und eine Mutter erfahren mussten, dass ihr fünfjähriges Mädchen an einer Krankheit leidet, die nie mehr zu heilen ist. Wie soll man da helfen! Wie soll man da trösten! Ich wusste es nicht. „Wirf rein!", sagte Heinrich, und ich warf meinen Kummer in seinen Müllkorb.

Eines Tages fiel mir auf, dass Heinrichs Müllkorb immer gleich wieder leer war. „Wohin bringst du das alles?" „In die Krippe", sagte er. „Ist denn so viel Platz in der kleinen Krippe?" Heinrich lachte. „Pass auf! In der Krippe liegt ein Kind, das ist noch kleiner als die Krippe. Und sein Herz noch viel, viel kleiner." Er nahm seinen Kerzenhalter unter den linken Arm und zeigte mit Daumen und Zeigefinger der rechten Hand – wie klein! „Denn deinen Kummer lege ich in Wahrheit gar nicht in die Krippe, sondern in das Herz dieses Kindes. Verstehst du das?" Ich dachte lange nach. „Das ist schwer zu verstehen. Und trotzdem freue ich mich. Komisch, was?"

Heinrich runzelt die Stirn. „Das ist gar nicht komisch, sondern die Weihnachtsfreude, verstanden?" Auf einmal wollte ich Heinrich noch vieles fragen, aber er legte den Finger auf den Mund. „Pst!", sagte er. „Nicht reden! Freuen!"

Behaltet doch mal einen Engel zurück, wegen der Weihnachtsfreude. Und spitzt die Ohren! Hört ihr's? „Wirf rein!"

VOM
*Licht*

1 MINUTE

# Christus, das ewige Wort

JOHANNES 1,1-14

Am Anfang war das Wort. Das Wort war bei Gott und das Wort war Gott. Er war am Anfang bei Gott. Durch ihn wurde alles geschaffen, was ist. Es gibt nichts, was er, das Wort, nicht geschaffen hat. Das Leben selbst war in ihm, und dieses Leben schenkt allen Menschen Licht. Das Licht scheint in der Dunkelheit, und die Dunkelheit konnte es nicht auslöschen.

Gott sandte Johannes den Täufer, um allen Menschen von dem Licht zu erzählen, damit durch ihn alle daran glauben. Johannes selbst war nicht das Licht; er war nur ein Zeuge für das Licht. Der, der das wahre Licht ist, das alle Menschen erleuchtet, sollte erst noch in die Welt kommen.

Doch obwohl die Welt durch ihn geschaffen wurde, erkannte die Welt ihn nicht, als er kam. Er kam in die Welt, die ihm gehört, und sein eigenes Volk nahm ihn nicht auf.

All denen aber, die ihn aufnahmen und an seinen Namen glaubten, gab er das Recht, Gottes Kinder zu werden. Sie wurden dies weder durch ihre Abstammung noch durch menschliches Bemühen oder Absicht, sondern dieses neue Leben kommt von Gott.

Er, der das Wort ist, wurde Mensch und lebte unter uns. Er war voll Gnade und Wahrheit und wir wurden Zeugen seiner Herrlichkeit, der Herrlichkeit, die der Vater ihm, seinem einzigen Sohn, gegeben hat.

2 MINUTEN

*Der Bergmann und der Engel*

ANDREA SCHNEIDER

D er Bergmann und der Engel aus dem Erzgebirge – vor über 60 Jahren hatten meine Großeltern die holzgeschnitzten Figuren aus der DDR hinübergerettet in den Westen. Zu jedem Weihnachtsfest tauchten sie wieder auf aus der Weihnachtskiste. Ein Stück meiner Kindheit ist in ihnen aufbewahrt. Das sieht man ihnen an – der Lack ist hier und da ab, ein bisschen angekokelt sind sie auch. Aber für mich macht sie das eher wertvoller.

Die beiden Figuren strahlen eine feierliche, auch etwas steife Würde aus. Da ist der erzgebirgische Hauer in schwarzer Uniform mit den Bergmannssymbolen Schlägel und Eisen. Und der Engel mit Krone und Flügeln – schlank, gerade und schlicht.

Diese Lichterfiguren haben eine lange Tradition. Schon im 17. Jahrhundert wurden sie als Altarleuchten verwendet.

Auch wurde für einen neugeborenen Sohn ein Bergmann oder für eine Tochter ein Engel geschnitzt. In der Weihnachtszeit stellte man diese Leuchter in die Fenster, um zu zeigen, wie viele Kinder es im Haus gibt.

Und wenn die Bergleute im Winter frühmorgens in finsterer Nacht in den Schacht zogen und nach langer Schicht erst wieder in der Dunkelheit heimkehrten, bauten die Frauen Lichterbergmann und Lichterengel als Willkommensgruß im Fenster auf. Die erzgebirgischen Kunsthandwerker haben ihre

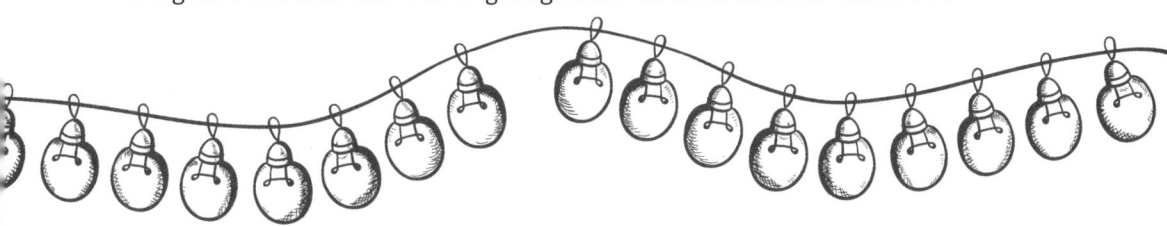

Sehnsucht nach Licht und Wärme, ihre Hoffnung auf Begleitung im gefährlichen Alltag, in Holz geschnitzt. Und sie haben Weihnachten in ihre Lebenswelt hineingeholt: Der feierliche Engel und der Bergmann in seiner Arbeitskluft – sie gehören zusammen. Lichtbringer und Lichthungriger, Himmel und Erde, begegnen sich. Der Bergmann, der in der Tiefe arbeitet, wird erhellt vom Licht des Gottesboten aus der Höhe.

So halten diese beiden Holzfiguren mit ihren brennenden Kerzen eine stille Predigt: Gott ist in deiner Nähe. Er geht mit dir – auch dahin, wo es dunkel ist. Und es wird für dich nicht dunkel bleiben.

### MARTIN BUBER

# Wo wohnt Gott?

Einmal brachte eine Mutter ihren Sohn zum Rabbi. Da fragte der Rabbi den Jungen: „Ich gebe dir einen Gulden, wenn du mir sagst, wo Gott wohnt." Er antwortete: „Und ich gebe dir zwei Gulden, wenn du mir sagen kannst, wo er nicht wohnt."

# Jesus – das Licht der Welt

WILHELM BUSCH

Alle Jahre wiederholt sich in meiner Familie vor Weihnachten ein neckisches Spiel. Jeder versichert dem anderen: „In diesem Jahr habe ich leider gar kein rechtes Geschenk für dich!" Und wenn dann die Bescherung kommt, findet man erstaunlicherweise schöne und liebevolle Überraschungen. Genau umgekehrt hat es Gott gemacht. Jahrhundertelang hat er mitgeteilt, dass er ein wundervolles Weihnachtsgeschenk geben wolle. Durch den Mund der Propheten hat er dieses Geschenk in allen Einzelheiten beschreiben lassen. Und als endlich die Zeit erfüllt war, da hieß es: „Lobt Gott, ihr Christen allzugleich, in seinem höchsten Thron, der heut schleußt auf sein Himmelreich und schenkt uns seinen Sohn." Doch trotz aller Erklärungen und Vorbereitungen Gottes stehen wir mit unseren stumpfen Sinnen immer wieder so verständnislos vor diesem Geschenk Gottes. Darum lasst uns einmal darauf achten, dass in der Weihnachtsgeschichte ein Zeichen vorkommt, durch das Gott uns selber sein Geschenk erklärt: Das war das Allererste, was die Hirten auf dem Felde von dem großen Ereignis erfuhren, dass die Klarheit des Herrn sie umleuchtete und die Nacht taghell wurde. Ehe der Engel den Mund aufmachte, wurde an diesem Zeichen deutlich gemacht: Jetzt ist in die Nacht der Welt das helle Licht gekommen.

Das Kind, das da in der Krippe lag, ist das Licht in der Nacht der Welt. Dass es wirklich von Gott so gemeint ist, kann man daran sehen, dass diese erleuchtete Nacht ihr Gegenstück hat: den verdunkelten Tag. Es geschah nämlich einmal, dass der helle Tag zur Nacht wurde. Und das war in der Stunde, als dieser Jesus starb und sein Leben verlöschte am Kreuz. Da verlor die Sonne den Schein. Also: Gott gibt seinen Sohn zum Licht in die Nacht der Welt. Lasst mich nicht von der Finsternis reden. Den meisten Menschen gefällt sie. Eulen finden ja auch die Nacht ganz hübsch. Lasst mich reden davon, dass in der ersten Weihnachtsnacht der Welt das Licht aufging. Jesus sagt selbst: „Ich bin das Licht der Welt. Wer mir nachfolgt, wird nicht wandeln in der Finsternis, sondern wird das Licht des Lebens haben." Lasst uns nur recht in das Licht des Heilandes hineingehen! Die taghell erleuchtete Nacht also ist ein Symbol für Gottes Geschenk: Jesus – das Licht der Welt.

*Ich kann aus Weihnachten nicht ein Fest der Vergangenheit machen. Jedes Jahr wächst Weihnachten und gibt dem ganzen Jahr ein anderes Licht.*

**JOCHEN KLEPPER**

3 MINUTEN

# Geschichte vom Licht des Hirtenjungen

UNBEKANNT

Als die Engel den Hirten verkündet hatten, dass im Stall von Bethlehem der König der Welt geboren war, da suchte jeder nach einem passenden Geschenk, das er dem Kind in der Krippe mitbringen wollte. „Ich bringe ein Schäfchen mit!", meinte der eine. „Ich eine Kanne voll frischer Milch!", sagte ein anderer. „Und ich eine warme Decke, damit das Kind nicht friert!", rief ein Dritter.

Unter den Hirten war aber auch ein Hirtenjunge. Der war bettelarm und hatte nichts, was er dem Kind schenken konnte. Traurig lief er zum Schafstall und suchte in dem winzigen Eckchen, das ihm gehörte, nach etwas, was er vielleicht doch mitbringen könnte. Aber da war nichts, was auch nur den Anschein eines Geschenkes hatte. In seiner Not zündete der Hirtenjunge eine kleine Kerze an und suchte in jeder Ritze und in jeder Ecke. Doch alles Suchen war umsonst. Da setzte er sich endlich mitten auf den Fußboden und war traurig, dass ihm die Tränen herunterliefen. So bemerkte er gar nicht, dass ein anderer Hirte in den Stall gekommen war und vor ihm stehen blieb. Er erschrak richtig, als ihn der Hirte ansprach: „Da bringen wir dem König der Welt alle möglichen Geschenke. Ich glaube aber, dass du das allerschönste Geschenk hast!"

Erstaunt blickte ihn der Junge mit verweinten Augen an. „Ich hab doch gar nichts!", sagte er leise.

Da lachte der Hirte und meinte: „Schaut euch diesen Knirps an! Da hält er in seiner Hand eine leuchtende Kerze und meint, er habe gar nichts!" „Soll ich dem Kind vielleicht die kleine Kerze schenken?", fragte der Hirtenjunge aufgeregt. „Es gibt nichts Schöneres!", antwortete der Hirte ernst. Da stand der Hirtenjunge auf, legte seine Hand schützend vor die kleine Flamme und machte sich mit den Hirten auf den Weg. Als sie mit ihren Geschenken den Stall erreichten, war es dort kalt und dunkel. Als aber der Hirtenjunge mit seiner kleinen Kerze den Stall betrat, da breiteten sich ein Leuchten und eine Wärme aus, und alle konnten Maria und Josef und das Kind in der Krippe sehen.

So knieten die Hirten vor der Krippe und beteten den Herrn der Welt an, das kleine Kind mit Namen Jesus. Danach übergaben sie ihre Geschenke. Der Hirtenjunge aber stellte seine Kerze ganz nah an die Krippe, und er konnte deutlich das Leuchten in Marias und Josefs Augen sehen. „Das kleine Licht ist das allerschönste Geschenk!", sagten die Hirten leise. Und alle freuten sich an dem schönen Weihnachtslicht, das sogar den armseligen Stall warm und gemütlich machte. Der Hirtenjunge aber spürte, wie in ihm selbst eine Wärme aufstieg, die ihn immer glücklicher machte. Und wieder musste er weinen, diesmal, weil er sich so glücklich fühlte. Bis zum heutigen Tag zünden die Menschen vor Weihnachten Kerzen an, weil sie alle auf Weihnachten warten und ihnen das kleine Licht immer wieder Freude und Geborgenheit schenkt.

9 MINUTEN

# Licht in der Nacht

WILLIAM A. ANDERSON

Es war ein bitterkalter Abend, weit und leer. Über den Hügeln flimmerte ein heller Stern, als sei er aus Rauschgold gemacht und ganz oben am Weihnachtsbaum aufgehängt. Die unbewegte Luft schien zu tönen wie das Innere einer großen, eisernen Glocke. Drinnen aber, in unserem gemütlichen Farmhaus, strahlten die rot glühenden Öfchen eine gute Wärme aus. Der Abendbrottisch war gedeckt, und ich hatte es mir eben bequem gemacht, als Bruce, unser kleiner Sohn, die Treppe heruntergeschritten kam – gespenstisch anzuschauen in seinem langen weißen Nachthemd, mit einem Mäntelchen aus purpurfarbenem, silberdurchwirktem Stoff über den Schultern. In der einen Hand hielt er eine gewaltige Krone aus gelber Pappe mit Rauschgold, und von der anderen hing ein reich verziertes Weihrauchgefäß herab. Seine Füße steckten in dünnen, schlappenden Sandalen.

„Was in aller Welt soll denn das darstellen?", lachte ich. Meine Frau betrachtete den Buben kritisch, gleichzeitig aber voll Teilnahme und Zärtlichkeit. „Er ist doch einer von den Weisen aus dem Morgenland", erklärte sie leicht entrüstet. Der Blick, den sie mir dabei zuwarf, erinnerte mich unmissverständlich an mein Versprechen, unseren Sohn rechtzeitig zur Weihnachtsaufführung zum Schulhaus in die Stadt zu bringen. Ich schauderte bei dem Gedanken an die Kälte draußen, zog aber meinen dicken Mantel über und ging tapfer durch die Finsternis zur Garage.

Die Batterie in dem alten Wagen war längst tot, aber dank jener unberechenbaren Launen der Technik sprang der Motor sofort an. Doch noch ehe wir auf die Hauptstraße kamen, stand der Karren bereits wieder still. Mir sank das Herz. Ich schaute Bruce an, der aber hielt Krone und Weihrauchfass mit beiden Armen umklammert und starrte den endlosen Weg hinab, bis dorthin, wo er zwischen den einsamen Hügeln verschwand. Die Ortschaft lag mehr als anderthalb Meilen entfernt, und bis zur nächsten Tankstelle waren es noch über zwei Meilen. Bruce sagte immer noch kein Wort, nur waren seine Augen jetzt auf den großen Stern geheftet, der genau über dem zackigen Berggrat schimmerte. Eine unbehagliche Empfindung regte sich in mir, denn ich erkannte plötzlich, dass der Junge betete. Auch er hatte sein Versprechen gegeben, und jetzt betete er, dass ihn nur ja nichts davon abhalten möge, einen von den drei Weisen darzustellen an diesem verzauberten Weihnachtsabend. Ich mühte mich und rackerte mich mit dem Wagen ab – umsonst.

Als ich wieder aufsah, war Bruce fort. Ein gutes Stück unten hastete er den Weg entlang, mit der einen Hand sein Gewand zusammenraffend, mit der anderen das Weihrauchfass schwenkend, die hohe goldene Krone schief über dem Kopf. Ich wusste nicht, ob ich lachen oder ihm nachrufen sollte. Dann machte ich mich von Neuem über den Wagen her. Schließlich gab der Motor ein heiseres Krächzen von sich. Ich kletterte ins Auto, fuhr los und überholte Bruce genau dort, wo die Chaussee in die Stadt einmündete. „Du hättest nicht davonlaufen sollen", knurrte ich. „Es ist doch viel zu kalt."

„Ich hatte den Weihrauch im Fässchen angezündet", sagte er. „Ich bin ganz warm geblieben Außerdem hab ich mich immer nach dem Stern gerichtet und ein großes Stück abgeschnitten, quer durch Basoines Farm, und grad bei der neuen Hütte bin ich wieder rausgekommen." Er zitterte vor Kälte. „Du hättest dir die Füße erfrieren können!" „Ach, so schlimm war das nicht." Wir kamen beizeiten im Schulhaus an. Ich stand ganz hinten unter den Zuschauern. Als ich Bruce kommen sah, wie er steifbeinig auf seinen wund gelaufenen und halb erfrorenen Füßen einherschritt, vor der Krippe niederkniete und sein Sprüchlein aufsagte, stieg wider Willen eine gewisse Ehrfurcht in mir auf.

Als wir auf dem Heimweg waren, zeigte mir Bruce die Stelle, an welcher der Abkürzungsweg auf die Straße traf. „Da wohnen die Thompsons", sagte er und fügte dann hinzu: „Harry Thompson ist dort gestorben!" Als wir bei den Basoines vorbeikamen, war das Haus hell erleuchtet. Das kam mir sonderbar vor. Denn seit George Basoine fortgegangen war, um in der Fremde sein Glück zu machen, war die Großmutter, die ihren jüngsten Sohn im Krieg verloren hatte, ganz zusammengefallen, und Trübsinn lag über dem Haus. Ich fuhr ganz langsam vorbei und konnte durch das Küchenfenster Lou Basoine sehen, wie er seine Pfeife rauchte und sich mit seiner Frau und seiner Mutter unterhielt.

Das war so ziemlich alles, was von diesem Abend zu berichten ist. Aber am Morgen des ersten Weihnachtsfeiertages kam eine freundliche Nachbarin mit einer Wildpastete und einem großen Krug Apfelwein zu uns. Sie ging in die Küche, wo meine Frau gerade beschäftigt war, das Weihnachtsmahl zuzubereiten. Als ich lautes Gelächter hörte, schlenderte ich auch in die Küche hinüber, denn für ländlichen Klatsch habe ich eine Schwäche.

„Das musst du hören!", rief meine Frau mir zu. Die Nachbarin sah mich mit glänzenden, aber argwöhnischen Augen an. „Sie brauchen's meinetwegen nicht glauben", sagte sie, „doch ich sag's Ihnen trotzdem, die Leute, die hier in den Bergen leben, sehen mehr, als ein Mensch sonst sieht, und sie glauben auch daran." „Was haben Sie denn gesehen?", erkundigte ich mich neugierig. „Ich nicht, es war die alte Mutter Basoine. Gestern Abend, als ihr wieder einmal so recht elend zumute war, kam's ihr so vor, als höre sie etwas hinter der Scheune, und sie schaute hinaus. Nun muss ich von der alten Frau sagen, sie hat noch scharfe Augen. Der Mond schien zwar nicht, aber es war, wenn Sie sich erinnern, eine helle Sternennacht. Und da sah sie, klar wie bei Tage, einen von den Heiligen Drei Königen aus der Bibel den

Hügel hinunterkommen, mit einer goldenen Krone auf dem Kopf und so einem Topf mit Rauch in der Hand, den er hin und her schwenkte …"

Meine Frau und ich schauten einander an, doch ehe ich etwas sagen konnte, fuhr die Nachbarin voller Eifer fort: „Lachen Sie jetzt nicht. Es gibt noch andere Zeugen! Die Thompsons. Sie wissen doch, die, denen ihr ältester Junge gestorben ist! Dort hörten ihn zuerst die Kinder. Er sang: ‚Herbei, o ihr Gläubigen', ganz deutlich. Sie liefen ans Fenster, und dann sahen sie einen der Heiligen Drei Könige im Sternenlicht, goldene Krone und langes Gewand und Feuertopf und alles!"

Die Nachbarin schaute mich herausfordernd an. „Alte Leute und Kinder sehen Dinge, die wir vielleicht nicht sehen. Ich kann nur das eine sagen: Die Basoines und die Thompsons kennen einander nicht mal. Aber die alte Mutter Basoine fühlte sich einsam und dachte trauernd an ihren gefallenen Sohn, und die Thompsons fühlten sich auch einsam und traurig, weil dies das erste Weihnachten ohne Harry war, und sie haben auch zum Herrgott gebetet. Ich sage Ihnen, es war ein rechter Trost für sie, zu sehen und zu glauben!"

Es wurde still in der Küche. Die beiden Frauen blickten mir fragend ins Gesicht, vielleicht in der Erwartung, einem Ausdruck der Ungläubigkeit zu begegnen, da ich kein sehr religiös gesinnter Mensch bin. Aber was immer sie auch erwarten mochten: Was kam, war eine Überraschung für sie.

Mir war an jenem Weihnachtsabend kein Wunder erschienen, aber was ich gesehen hatte, war vielleicht eindrucksvoller als jene übernatürliche Erscheinung: ein kleiner Junge aus Fleisch und Blut, der querfeldein dem Stern nachging, der Jahrhunderte zuvor die Drei Könige nach Bethlehem geführt hatte. Es lag mir fern, die Standhaftigkeit und Gläubigkeit zu verleugnen, die ich in jener Nacht in den Augen meines Sohnes gesehen hatte. Und so sagte ich mit einer Aufrichtigkeit, die für die beiden Frauen beglückend war: „Ja, ich glaube, zur Weihnachtszeit ist uns Gott sehr nahe!"

# DIE
# Heilige
# Nacht

3 MINUTEN

# Die Weihnachtsgeschichte nach Lukas

LUKAS 2,1-20

Zu jener Zeit ordnete der römische Kaiser Augustus an, dass alle Bewohner des Römischen Reiches behördlich erfasst werden sollten. Diese Erhebung geschah zum ersten Mal, und zwar, als Quirinius Statthalter von Syrien war. Alle Menschen reisten in ihre betreffende Stadt, um sich für die Zählung eintragen zu lassen.

Weil Josef ein Nachkomme Davids war, musste er nach Bethlehem in Judäa, in die Stadt Davids, reisen. Von Nazareth in Galiläa aus machte er sich auf den Weg und nahm seine Verlobte Maria mit, die schwanger war.

Als sie in Bethlehem waren, kam die Zeit der Geburt heran. Maria gebar ihr erstes Kind, einen Sohn. Sie wickelte ihn in Windeln und legte ihn in eine Futterkrippe, weil es im Zimmer keinen Platz für sie gab.

In jener Nacht hatten ein paar Hirten auf den Feldern vor dem Dorf ihr Lager aufgeschlagen, um ihre Schafe zu hüten. Plötzlich trat ein Engel des Herrn in ihre Mitte. Der Glanz des Herrn umstrahlte sie. Die Hirten erschraken heftig, aber der Engel beruhigte sie. „Habt keine Angst!", sagte er. „Ich bringe euch eine gute Botschaft, die das ganze Volk in große Freude versetzen wird: Der Retter – ja, Christus, der Herr – ist heute für euch in Bethlehem, der Stadt Davids, geboren worden! Und daran könnt ihr ihn erkennen: Ihr werdet ein Kind finden, das in Windeln gewickelt in einer Futterkrippe liegt!"

Auf einmal war der Engel von einem großen himmlischen Heer umgeben, und sie alle priesen Gott mit den Worten: „Ehre sei Gott im höchsten Himmel und Frieden auf Erden für alle Menschen, an denen Gott Gefallen hat."

Als die Engel in den Himmel zurückgekehrt waren, sagten die Hirten zueinander: „Kommt, gehen wir nach Bethlehem! Wir wollen diese Sache, die der Herr uns hat wissen lassen, mit eigenen Augen sehen." Sie liefen, so schnell sie konnten, ins Dorf und fanden Maria und Josef und das Kind, das in der Futterkrippe lag.

Da erzählten die Hirten allen, was geschehen war und was der Engel ihnen über dieses Kind gesagt hatte. Alle Leute, die den Bericht der Hirten hörten, waren voller Staunen.

Maria aber bewahrte alle diese Dinge in ihrem Herzen und dachte oft darüber nach.

Die Hirten kehrten zu ihren Herden auf den Feldern zurück; sie priesen und lobten Gott für das, was der Engel ihnen gesagt hatte und was sie gesehen hatten. Alles war so, wie es ihnen angekündigt worden war.

# Die heilige Nacht

## SELMA LAGERLÖF

Als ich fünf Jahre alt war, hatte ich einen großen Kummer. Ich weiß kaum, ob ich seitdem einen größeren gehabt habe. Das war, als meine Großmutter starb. Bis dahin hatte sie jeden Tag auf dem Ecksofa in ihrer Stube gesessen und Märchen erzählt.

Ich weiß es nicht anders, als dass Großmutter dasaß und erzählte, vom Morgen bis zum Abend, und wir Kinder saßen still neben ihr und hörten zu. Das war ein herrliches Leben. Es gab keine Kinder, denen es so gut ging wie uns. Ich erinnere mich nicht an sehr viel von meiner Großmutter. Ich erinnere mich, dass sie schönes, kreideweißes Haar hatte und dass sie sehr gebückt ging und dass sie immer dasaß und an einem Strumpf strickte.

Dann erinnere ich mich auch, dass sie, wenn sie ein Märchen erzählt hatte, ihre Hand auf meinen Kopf zu legen pflegte, und dann sagte sie: „Und das alles ist so wahr, wie dass ich dich sehe und du mich siehst." Ich entsinne mich auch, dass sie schöne Lieder singen konnte, aber das tat sie nicht alle Tage. Eines dieser Lieder handelte von einem Ritter und einer Meerjungfrau und es hatte den Kehrreim: „Es weht so kalt, es weht so kalt wohl über die weite See."

Dann entsinne ich mich eines kleinen Gebets, das sie mich lehrte, und eines Psalmverses. Von allen den Geschichten, die sie mir erzählte, habe ich nur eine schwache, unklare Erinnerung. Nur an eine einzige von ihnen erinnere ich mich so gut, dass ich sie erzählen könnte. Es ist eine kleine Geschichte von Jesu Geburt. Seht, das ist beinah alles, was ich noch von meiner Großmutter weiß, außer dem, woran ich mich am besten erinnere, nämlich den großen Schmerz, als sie dahinging. Ich erinnere mich an den Morgen, an dem das Ecksofa leer stand

und es unmöglich war zu begreifen, wie die Stunden des Tages zu Ende gehen sollten. Daran erinnere ich mich. Das vergesse ich nie.

Und ich erinnere mich, dass wir Kinder hingeführt wurden, um die Hand der Toten zu küssen. Und wir hatten Angst, es zu tun, aber da sagte uns jemand, dass wir nun zum letzten Mal Großmutter für alle die Freude danken könnten, die sie uns gebracht hatte.

Und ich erinnere mich, wie Märchen und Lieder vom Hause wegfuhren, in einen langen, schwarzen Sarg gepackt, und niemals wiederkamen. Ich erinnere mich, dass etwas aus dem Leben verschwunden war. Es war, als hätte sich die Tür zu einer ganzen, schönen, verzauberten Welt geschlossen, in der wir früher frei aus und ein gehen durften. Und nun gab es niemanden mehr, der sich darauf verstand, diese Tür zu öffnen.

Ich erinnere mich, dass wir Kinder so allmählich lernten, mit Spielzeug und Puppen zu spielen und zu leben wie andere Kinder auch, und da konnte es ja den Anschein haben, als vermissten wir Großmutter nicht mehr, als erinnerten wir uns nicht mehr an sie.

Aber noch heute, nach vierzig Jahren, wie ich dasitze und die Legenden über Christus sammle, die ich drüben im Morgenland gehört habe, wacht die kleine Geschichte von Jesu Geburt, die meine Großmutter zu erzählen pflegte, in mir auf. Und ich bekomme Lust, sie noch einmal zu erzählen und sie auch in meine Sammlung mitaufzunehmen.

Es war an einem Weihnachtstag, alle waren zur Kirche gefahren außer Großmutter und mir. Ich glaube, wir beide waren im ganzen Haus allein. Wir hatten nicht mitfahren können, weil die eine zu jung und die andere zu alt war. Und alle beide waren wir betrübt, dass wir nicht zum Mettegesang fahren und die Weihnachtslichter sehen konnten. Aber wie wir so in unserer Einsamkeit saßen, fing Großmutter zu erzählen an.

„Es war einmal ein Mann", sagte sie, „der in die dunkle Nacht hinausging, um sich Feuer zu leihen. Er ging von Haus zu Haus und klopfte an. ‚Ihr lieben Leute, helft mir!', sagte er. ‚Meine Frau hat eben ein Kindlein geboren und ich muss Feuer anzünden, um sie und den Kleinen zu wärmen.' Aber es war tiefe Nacht, sodass alle Menschen schliefen, und niemand antwortete ihm. Der Mann ging und ging. Endlich erblickte er in weiter Ferne einen Feuerschein. Da wanderte er dieser Richtung zu und sah, dass das Feuer im Freien brannte. Eine Menge weißer Schafe lag rings um das Feuer und schlief und ein alter Hirt wachte über die Herde. Als der Mann, der Feuer leihen wollte, zu den Schafen kam, sah er, dass drei große Hunde zu Füßen des Hirten ruhten und schliefen. Sie erwachten alle drei bei seinem Kommen und sperrten ihre weiten Rachen auf, als ob sie bellen wollten, aber man vernahm keinen Laut. Der Mann sah, dass sich die Haare auf ihrem Rücken sträubten, er sah, wie ihre scharfen Zähne funkelnd weiß im Feuerschein leuchteten und wie sie auf ihn losstürzten.

Er fühlte, dass einer von ihnen nach seinen Beinen schnappte und einer nach seiner Hand und dass einer sich an seine Kehle hängte. Aber die Kinnladen und die Zähne, mit denen die Hunde beißen wollten, gehorchten ihnen nicht, und der Mann litt nicht den kleinsten Schaden.

Nun wollte der Mann weitergehen, um das zu finden, was er brauchte. Aber die Schafe lagen so dicht beieinander, Rücken an Rücken, dass er nicht vorwärtskommen konnte. Da stieg der Mann auf die Rücken der Tiere und wanderte über sie hin dem Feuer zu. Und keins von den Tieren wachte auf oder regte sich."

So weit hatte Großmutter ungestört erzählen können, aber nun konnte ich es nicht lassen, sie zu unterbrechen. „Warum regten sie sich nicht, Großmutter?", fragte ich. „Das wirst du nach einem Weilchen schon erfahren", sagte Großmutter und fuhr in ihrer Geschichte fort.

„Als der Mann fast beim Feuer angelangt war, sah der Hirt auf. Er war ein alter, mürrischer Mann, der unwirsch und hart gegen alle Menschen war. Und als er einen Fremden kommen sah, griff er nach einem langen, spitzen Stabe, den er in der Hand zu halten pflegte, wenn er seine Herde hütete, und warf ihn nach ihm. Und der Stab fuhr zischend gerade auf den Mann los, aber ehe er ihn traf, wich er zur Seite und sauste an ihm vorbei weit über das Feld."

Als die Großmutter so weit gekommen war, unterbrach ich sie abermals. „Großmutter, warum wollte der Stock den Mann nicht schlagen?" Aber Großmutter ließ es sich nicht einfallen, mir zu antworten, sondern fuhr mit ihrer Erzählung fort.

„Nun kam der Mann zu dem Hirten und sagte zu ihm: ‚Guter Freund, hilf mir und leih mir ein wenig Feuer. Mein Weib hat eben ein Kindlein geboren, und ich muss Feuer machen, um sie und den Kleinen zu wärmen.' Der Hirt hätte am liebsten Nein gesagt, aber als er daran dachte, dass die Hunde dem Manne nicht hatten schaden können, dass die Schafe nicht vor ihm davongelaufen waren und dass sein Stab ihn nicht fällen wollte, da wurde ihm ein wenig bange, und er wagte es nicht, dem Fremden das abzuschlagen, was er begehrte.

‚Nimm, so viel du brauchst', sagte er zu dem Manne. Aber das Feuer war beinahe ausgebrannt. Es waren keine Scheite und Zweige mehr übrig, sondern nur ein großer Gluthaufen, und der Fremde hatte weder Schaufel noch Eimer, worin er die roten Kohlen hätte tragen können.

Als der Hirt dies sah, sagte er abermals: ‚Nimm, so viel du brauchst!' Und er freute sich, dass der Mann kein Feuer wegtragen konnte. Aber der Mann beugte sich hinunter, holte die Kohlen mit bloßen Händen aus der Asche und legte sie in seinen Mantel. Und weder versengten die Kohlen seine Hände, als er sie berührte, noch versengten sie seinen Mantel, sondern der Mann trug sie fort, als wenn es Nüsse oder Äpfel gewesen wären."

Aber hier wurde die Märchenerzählerin zum dritten Mal unterbrochen. „Großmutter, warum wollte die Kohle den Mann nicht brennen?" „Das wirst du schon hören", sagte Großmutter, und dann erzählte sie weiter.

„Als dieser Hirt, der ein so böser, mürrischer Mann war, dies alles sah, begann er sich bei sich selbst zu wundern: ‚Was kann dies für eine Nacht sein, wo die Hunde die Menschen nicht beißen, die Schafe nicht erschrecken, die Lanze nicht tötet und das Feuer nicht brennt?' Er rief den Fremden zurück und sagte zu ihm: ‚Was ist dies für eine Nacht? Und woher kommt es, dass alle Dinge dir Barmherzigkeit zeigen?' Da sagte der Mann: ‚Ich kann es dir nicht sagen, wenn du selber es nicht siehst.' Und er wollte seiner Wege gehen, um bald ein Feuer anzuzünden und Weib und Kind wärmen zu können. Aber da dachte der Hirt, er wolle den Mann nicht ganz aus dem Gesicht verlieren, bevor er erfahren hätte, was dies alles bedeute. Er stand auf und ging ihm nach, bis er dorthin kam, wo der Fremde daheim war. Da sah der Hirt, dass der Mann nicht einmal eine Hütte hatte, um darin zu wohnen, sondern er hatte sein Weib und sein Kind in einer Berggrotte liegen, wo es nichts gab als nackte, kahle Steinwände. Aber der Hirt dachte, dass das arme unschuldige Kindlein vielleicht dort in der Grotte erfrieren würde, und obgleich er ein harter Mann war, wurde er davon doch ergriffen und beschloss, dem Kinde zu helfen. Und er löste sein Ränzel von der Schulter und nahm daraus ein weiches, weißes Schaffell hervor. Das gab er dem fremden Manne und sagte, er möge das Kind darauf betten.

Aber in demselben Augenblick, in dem er zeigte, dass auch er barmherzig sein konnte, wurden ihm die Augen geöffnet, und er sah, was er vorher nicht hatte sehen, und hörte, was er vorher nicht hatte hören können.

Er sah, dass rund um ihn ein dichter Kreis von kleinen, silberbeflügelten Englein stand. Und jedes von ihnen hielt ein Saitenspiel in der Hand, und alle sangen sie mit lauter Stimme, dass in dieser Nacht der Heiland geboren wäre, der die Welt von ihren Sünden erlösen solle.

Da begriff er, warum in dieser Nacht alle Dinge so froh waren, dass sie niemandem etwas zuleide tun wollten. Und nicht nur rings um den Hirten waren Engel, sondern er sah sie überall. Sie saßen in der Grotte und sie saßen auf dem Berge und sie flogen unter dem Himmel. Sie kamen in großen Scharen über den Weg gegangen, und wie sie vorbeikamen, blieben sie stehen und warfen einen Blick auf das Kind.

Es herrschte eitel Jubel und Freude und Singen und Spiel, und das alles sah er in der dunklen Nacht, in der er früher nichts zu gewahren vermocht hatte. Und er wurde so froh, dass seine Augen geöffnet waren, dass er auf die Knie fiel und Gott dankte."

Aber als Großmutter so weit gekommen war, seufzte sie und sagte: „Aber was der Hirte sah, das können wir auch sehen, denn die Engel fliegen in jeder Weihnachtsnacht unter dem Himmel, wenn wir sie nur gewahren mögen."

Und dann legte Großmutter ihre Hand auf meinen Kopf und sagte: „Dies sollst du dir merken, denn es ist so wahr, wie dass ich dich sehe und du mich siehst. Nicht auf Lichter und Lampen kommt es an und es liegt nicht an Mond und Sonne, sondern was nottut, ist, dass wir Augen haben, die Gottes Herrlichkeit sehen können."

# Ich steh an deiner Krippen hier

## PAUL GERHARDT

Ich steh an deiner Krippen hier,
o Jesu, du mein Leben;
ich komme, bring und schenke dir,
was du mir hast gegeben.
Nimm hin, es ist mein Geist und Sinn,
Herz, Seel und Mut, nimm alles hin
und lass dir's wohlgefallen.

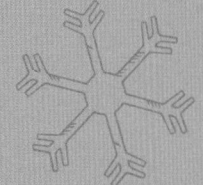

Da ich noch nicht geboren war,
da bist du mir geboren
und hast mich dir zu eigen gar,
eh ich dich kannt, erkoren.
Eh ich durch deine Hand gemacht,
da hast du schon bei dir bedacht,
wie du mein wolltest werden.

Ich lag in tiefster Todesnacht,
du warest meine Sonne,
die Sonne, die mir zugebracht
Licht, Leben, Freud und Wonne.
O Sonne, die das werte Licht
des Glaubens in mir zugericht'
wie schön sind deine Strahlen!

Ich sehe dich mit Freuden an
und kann mich nicht satt sehen;
und weil ich nun nichts weiter kann,
bleib ich anbetend stehen.
O dass mein Sinn ein Abgrund wär
und meine Seel ein weites Meer,
dass ich dich möchte fassen!

Wann oft mein Herz im Leibe weint
und keinen Trost kann finden,
rufst du mir zu: „Ich bin dein Freund,
ein Tilger deiner Sünden.
Was trauerst du, o Bruder mein?
Du sollst ja guter Dinge sein,
ich zahle deine Schulden."

O dass doch so ein lieber Stern
soll in der Krippen liegen!
Für edle Kinder großer Herrn
gehören güldne Wiegen.
Ach Heu und Stroh ist viel zu schlecht,
Samt, Seide, Purpur wären recht,
dies Kindlein drauf zu legen!

Nehmt weg das Stroh, nehmt weg das Heu,
ich will mir Blumen holen,
dass meines Heilands Lager sei
auf lieblichen Violen;
mit Rosen, Nelken, Rosmarin
aus schönen Gärten will ich ihn
von oben her bestreuen.

Du fragest nicht nach Lust der Welt
noch nach des Leibes Freuden;
du hast dich bei uns eingestellt,
an unsrer Statt zu leiden,
suchst meiner Seele Herrlichkeit
durch Elend und Armseligkeit;
das will ich dir nicht wehren.

Eins aber, hoff ich, wirst du mir,
mein Heiland, nicht versagen:
dass ich dich möge für und für
in, bei und an mir tragen.
So lass mich doch dein Kripplein sein;
komm, komm und lege bei mir ein
dich und all deine Freuden.

# Weihnachten

KURT MARTI

Macht hoch die Tür, die Tore weit, sangen sie in der niedrigen Stube, und einer der jungen Leute hielt eine brennende Kerze. Es kommt der Herr der Herrlichkeit, ein König aller Königreich, sangen sie, und eine alte verwitterte Frau hörte zu. Ein Heiland aller Welt zugleich, der Heil und Leben mit sich bringt, sangen sie, und eine junge Frau strich sich mit schmutzigen Händen über die schmutzige Schürze. Derhalben jauchzt, mit Freuden singt, gelobet sei mein Gott, sangen sie, und ein verschmiertes Kind starrt sie an mit groß aufgerissenen Augen. Macht hoch die Tür, die Tor macht weit, das Herz zum Tempel macht bereit, sangen sie, müde schon und ohne genau zu bedenken, was sie sangen. So kommt der König auch zu euch, ja Heil und Leben mit zugleich, sangen sie, wie sie schon in einem Dutzend niedriger Stuben gesungen hatten. Komm, o mein Heiland Jesu Christ, sangen sie. Und er kam. Die Türe ging auf, er kam und schwankte, ein taumliger Riese, er kam und zog die Türe hinter sich zu, er hielt sich an der Türfalle fest und begriff vorerst nichts, mit stumpfen Augen glotzte er in die niedrige Stube, die voll war von Menschen, glotzte, an die Türe gelehnt, begriff nichts, aber auf einmal bewegte er sich, übertrieben und plötzlich, er kam und schubste sich, Hände voran, durch die Sänger und versuchte, die Rechte eines jeden zu finden, die Zunge stolperte über Dankesworte, sein rechter über den linken Fuß, die Alkoholfahne wehte aus sabberndem Mund, dann hielt er sich wieder fest, zufällig an einem Fensterriegel, rülpste, schnitt unerklärliche Grimassen und wandte den Kopf zur Seite, man wusste nicht, drängte es ihn zu heulen oder war ihm zum Brechen übel. Vielleicht beides zusammen. Erschrocken begannen die Sänger wieder zu singen, sie sangen ein anderes Lied, sie sangen presto-prestissimo, heut schließt er wieder auf die Tür, sangen sie, und der Riese hing unberechenbar am Fensterriegel, zum schönen Paradeis, sangen sie, und er verdrehte die Augen, die Stirnader schwoll, als platze er demnächst vor Zorn, der Kerub steht nicht mehr dafür, sangen sie, aber er stand, er hing am Fensterriegel und schwankte, aber er stand, Gott sei Lob, Ehr und Preis, sangen sie, das Herz zusammengepresst und mit kurzem Atem vor Angst, er bewegte den struppigen Schädel dazu, doch war nicht deutlich, nickte er Zustimmung oder stieß ihm was auf. Schöne Weihnachten wünschten die Sänger und schoben einander zur Türe hinaus. Er blabberte etwas. Die alte Frau verwitterte noch mehr, die junge hielt ihren Kopf gesenkt. Affen, hat er gesagt, behaupteten auf der Straße die einen, nein Amen, sagten die andern. Vielleicht beides, wer weiß, Gott weiß es, Welt ging verloren, doch morgen ist Weihnachten, Christ ist geboren.

*Das ist das Wunder der heiligen Weihnacht, dass ein hilfloses Kind unser aller Helfer wird.*

**FRIEDRICH VON BODELSCHWINGH**

# Die Versuchung

AGATHA CHRISTIE

Maria betrachtete das Kind, das vor ihr in der Krippe lag. Sie war allein im Stall – bis auf die Tiere. Ihr Herz war erfüllt von stolzem Glück, als sie auf ihr Kind hinablächelte. Da vernahm sie plötzlich Flügelrauschen, und als sie sich umwandte, erblickte sie unter der Tür einen großen Engel. Ein Strahlen wie der Glanz der Morgensonne umgab ihn, und die Schönheit seines Antlitzes war so groß, dass Marias Augen geblendet wurden und sie den Kopf abwenden musste.

Und der Engel sprach zu ihr, und seine Stimme glich einer goldenen Posaune: „Fürchte dich nicht, Maria …" Maria aber antwortete mit ihrer lieben, sanften Stimme: „Ich fürchte mich nicht, o Abgesandter Gottes, aber das Licht deiner Erscheinung blendet mich."

Der Engel sprach: „Ich bin gekommen, um mit dir zu sprechen."

Maria sagte: „So sprich. Lass mich hören, was Gott der Herr mir gebietet."

Der Engel sprach: „Ich bin nicht mit Geboten gekommen. Aber da Gott dich besonders liebt, lässt er dich mit meiner Hilfe in die Zukunft sehen …"

Maria blickte auf ihr Kind und fragte eifrig: „In seine Zukunft?" Ihr Gesicht erhellte sich in freudiger Erwartung. „Ja", antwortete der Engel ruhig, „in seine Zukunft. Gib mir deine Hand."

Maria streckte ihre Hand aus und ergriff die des Engels. Es war, als ob eine Flamme sie berühre – eine Flamme jedoch, die sie nicht versengte. Sie schrak ein wenig zurück, und der Engel sprach erneut:

„Fürchte dich nicht, Maria. Ich bin unsterblich, und du bist sterblich, aber meine Berührung wird dir nicht wehtun."

Dann breitete der Engel seinen mächtigen goldenen Flügel über das schlafende Kind und sprach: „Sieh in die Zukunft, Mutter, und sieh deinen Sohn …"

Maria blickte geradeaus, und die Wände des Stalles schwanden und lösten sich auf, und sie schaute in einen Garten. Es war Nacht, und die Sterne leuchteten am Himmel, und ein Mann kniete dort und betete. Etwas regte sich in Marias Herz und sagte ihr, dass dies ihr Sohn war, der dort kniete. Dankbar sagte sie zu sich selbst: „Er ist ein guter Mensch geworden – ein frommer Mensch, er betet zu Gott." Doch dann hielt sie plötzlich den Atem an, denn der Mann hob sein Gesicht, und sie sah den Schmerz darin, die Verzweiflung und die Trauer …

Und sie wusste, dass sie größere Qualen schaute, als sie jemals gekannt oder geschaut hatte. Denn der Mann war vollkommen allein. Er betete zu Gott, betete, dass dieser Kelch der Qualen von ihm genommen werde – doch sein Gebet blieb ohne Antwort. Gott war fern und schwieg.

Und Maria schrie auf: „Warum antwortet Gott ihm nicht und tröstet ihn?"

Und sie hörte die Stimme des Engels sagen: „Es ist nicht in Gottes Ratschluss, dass er getröstet werde." Da beugte Maria demütig ihr Haupt und sprach: „Es ist nicht an uns, die unerforschlichen Ratschlüsse Gottes zu kennen. Aber hat dieser Mensch – mein Sohn – keine mitfühlenden, menschlichen Freunde?"

Der Engel rauschte mit seinem Flügel, und das Bild wechselte zu einem anderen Teil des Gartens, und Maria sah darin schlafende Männer liegen. Voller Bitterkeit sagte sie: „Er braucht sie – mein Sohn braucht sie – und sie kümmern sich nicht!" Der Engel sprach: „Sie sind nur fehlbare menschliche Geschöpfe." Maria murmelte zu sich selbst: „Aber er ist ein guter Mensch, mein Sohn. Ein guter und aufrechter Mensch."

Und wieder rauschte der Engelsflügel, und Maria sah einen Weg, der sich einen Hügel hinaufwand, und darauf drei Männer, die Kreuze schleppten, und eine Menge, die ihnen folgte, und römische Soldaten.

Der Engel sprach: „Was siehst du jetzt?" Maria sagte: „Ich sehe drei Verbrecher auf dem Weg zu ihrer Hinrichtung." Der Mann zur Linken wandte den Kopf, und Maria sah ein grausames, verschlagenes Gesicht, einen niederen, bestialischen Kerl, und sie fuhr zurück. „Ja", sagte sie, „es sind Verbrecher."

Da aber stolperte der Mann in der Mitte und stürzte beinahe, und als er sein Gesicht hob, erkannte Maria ihn und schrie heftig auf: „Nein, nein, es kann nicht sein, dass mein Sohn ein Verbrecher ist." Aber der Engel rauschte mit seinem Flügel, und sie sah drei aufgerichtete Kreuze, und die Gestalt, die in Qualen an dem mittleren hing, war der Mann, den sie als ihren Sohn erkannte. Seine gesprungenen Lippen öffneten sich, und sie vernahm die Worte, die sie hervorbrachten: „Mein Gott, mein Gott, warum hast du mich verlassen?"

Und Maria rief aus: „Nein, nein, das ist nicht wahr! Er kann nichts wirklich Böses getan haben. Es muss ein furchtbarer Irrtum sein. So etwas gibt es zuweilen. Man muss ihn verwechselt haben; man hat ihn für jemand anderen gehalten. Er büßt das Verbrechen eines anderen."

Abermals rauschte der Engel mit seinem Flügel, und diesmal erblickte Maria die Gestalt des Mannes, den sie auf Erden am meisten verehrte – den Hohepriester des Tempels. Er sah edel aus, und er erhob sich, und mit würdevoller Gebärde zerriss er das Gewand, das er trug, und rief mit lauter Stimme: „Dieser Mann hat Gott gelästert." Und Maria blickte über ihn hinweg und sah die Gestalt des Mannes, der Gott gelästert hatte – und es war ihr Sohn.

Dann verblassten die Bilder, und da war nur die Lehmwand des Stalles, und Maria bebte und schluchzte gebrochen: „Ich kann es nicht glauben – ich kann es nicht glauben. Wir sind eine gottesfürchtige, rechtschaffene Familie – meine ganze Familie und Josephs Familie auch. Und wir werden ihn sorgsam dazu erziehen, seiner Religion zu leben und den Glauben seiner Väter zu achten und zu ehren. Kein Sohn von uns könnte der Gotteslästerung schuldig sein – ich kann es nicht glauben! Was du mir gezeigt hast, kann nicht die Wahrheit sein."

Doch der Engel sprach: „Sieh mich an, Maria." Und Maria sah ihn an und sah die Strahlen, die ihn umgaben, und die Schönheit seines Antlitzes. Und der

Engel sprach: „Was ich dir gezeigt habe, ist die Wahrheit. Denn ich bin der Morgenengel, und das Licht des Morgens ist die Wahrheit. Glaubst du mir jetzt?"

Und wider all ihren Willen erkannte Maria, dass wirklich Wahrheit war, was der Engel ihr gezeigt hatte. Sie konnte nicht mehr daran zweifeln. Tränen strömten über ihre Wangen. Sie beugte sich über das Kind in der Krippe, die Arme ausgebreitet, wie um es zu beschützen. „Mein Kind", schluchzte sie. „Mein kleines, hilfloses Kind, was kann ich tun, um dich zu retten? Dir das zu ersparen, was da kommen wird? Nicht nur den Kummer und den Schmerz, sondern auch das Böse, das in deinem Herzen wachsen wird? – Oh es wäre besser, du wärest nie geboren worden oder bei deinem ersten Atemzug gestorben. Dann wärest du rein und unbefleckt zu Gott zurückgekehrt."

Und der Engel sprach: „Deshalb bin ich zu dir gekommen, Maria." Maria sagte: „Was meinst du damit?" Der Engel antwortete: „Du hast in die Zukunft gesehen. Es steht in deiner Macht zu sagen, ob dein Kind leben oder sterben soll." Maria beugte ihr Haupt, und unter unterdrücktem Schluchzen flüsterte sie: „Der Herr hat ihn mir gegeben ... Wenn der Herr ihn mir wieder nehmen wird, so sehe ich ein, dass es barmherzig ist, und auch wenn es mein Herz zerreißt, unterwerfe ich mich Gottes Willen." Aber der Engel sprach sanft: „So ist es nicht. Gott gebietet es dir nicht. Die Wahl ist die deine. Du hast in die Zukunft geschaut. Wähle nun, ob das Kind leben oder sterben soll."

Da schwieg Maria eine Weile. Sie war eine Frau, die langsam dachte. Einmal blickte sie hin zu dem Engel um Rat, aber der Engel gab ihr keinen. Er war golden und schön und unendlich fern.

Sie dachte an die Bilder, die er ihr gezeigt hatte, an die Qual in dem Garten, den schmachvollen Tod eines Mannes, der in der Stunde seines Todes von Gott verlassen war, und sie hörte erneut das schreckliche Wort Gotteslästerung ... Und jetzt, in diesem Augenblick, war das schlafende Kind rein und unschuldig und glücklich ...

Aber sie entschied sich nicht gleich, sie dachte weiter nach, rief sich immer und immer wieder die Bilder zurück, die ihr gezeigt worden waren. Und dabei

geschah etwas Seltsames. Plötzlich erinnerte sie sich an Kleinigkeiten, die sie vorher nicht beachtet hatte. So sah sie zum Beispiel das Gesicht des Mannes an dem Kreuz zur Rechten: kein böses Gesicht, nur ein schwaches – und es war dem Kreuz in der Mitte zugewandt, und ein Ausdruck von Liebe und Vertrauen und Bewunderung lag darin.

Mit plötzlichem Erstaunen wurde Maria bewusst: „Es war mein Sohn, den er so anschaute ...“

Und ebenso plötzlich, klar und deutlich sah sie das Gesicht ihres Sohnes, wie es auf seine schlafenden Gefährten in dem Garten herabblickte. Trauer lag darin, Mitleid und Verstehen und große Liebe ... Und sie dachte: „Es ist das Gesicht eines guten Menschen.“ Und sie sah auch noch einmal den Gerichtshof. Aber dieses Mal schaute sie nicht auf den prächtigen Hohepriester, sondern auf das Gesicht des angeklagten Mannes: In seinen Augen war kein Bewusstsein von Schuld.

Und Marias Gesicht wurde sehr verwirrt. Da sprach der Engel: „Hast du deine Wahl getroffen, Maria? Willst du deinem Sohn Leid und Sünde ersparen?“ Und Maria sagte langsam: „Es ist nicht an mir, einem unwissenden und einfachen Weib, den hohen Ratschluss Gottes zu verstehen. Der Herr gab mir mein Kind. Wenn der Herr es mir nimmt, dann ist es sein Wille. Aber da Gott ihm das Leben gegeben hat, ist es nicht an mir, ihm dieses Leben zu nehmen. Denn es mag sein, dass es im Leben meines Kindes Geschehnisse gibt, die ich nicht richtig verstehe. Es mag sein, dass ich nur einen Teil eines Bildes gesehen habe und nicht das ganze. Das Leben meines Kindes gehört ihm, nicht mir, und ich habe kein Recht, darüber zu bestimmen.“

„Denke noch einmal nach“, drängte der Engel. „Willst du mir nicht dein Kind in die Arme legen, und ich bringe es zurück zu Gott?“

„Nimm es in deine Arme, wenn dies Gottes Gebot ist“, sagte Maria. „Ich aber werde es dir nicht hineinlegen.“

Da erhob sich ein mächtiges Flügelrauschen, und ein Blitzstrahl flammte auf, und der Engel verschwand. Ein wenig später kam Joseph, und Maria berichtete ihm, was geschehen war. Joseph billigte, was Maria getan hatte. „Du hast

recht getan, Weib", sagte er. „Und wer weiß, vielleicht hat dieser Engel gelogen." „Nein", sagte Maria. „Er hat nicht gelogen." Mit ihrem ganzen Fühlen war sie dessen sicher.

„Ich glaube von alldem kein Wort", sagte Joseph fest. „Wir werden unseren Sohn sehr sorgsam erziehen und im Glauben unterweisen, denn es ist die Erziehung, die zählt. Er wird in meiner Werkstatt arbeiten, am Sabbat mit uns in die Synagoge gehen und alle Festtage und Gebote einhalten."

Maria schaute in die Krippe und sagte: „Sieh nur, unser Sohn lächelt." Und wirklich, das Knäblein lächelte und streckte seine winzigen Hände der Mutter entgegen, als wollte es sagen: „Gut gemacht."

Hoch droben jedoch, im blauen Himmelsgewölbe, bebte der Engel vor Hochmut und Zorn. „Dass ich bei einem törichten, unwissenden Weib versagt habe! Aber es wird eine andere Gelegenheit geben. Eines Tages, wenn er erschöpft und hungrig und schwach sein wird, werde ich ihn auf den Gipfel eines Berges führen und ihm die Königreiche dieser meiner Welt zeigen. Ich werde ihm die Herrschaft über sie alle anbieten. Er soll Städte und Könige und Völker beherrschen. Er soll die Macht haben, Krieg, Hunger und Unterdrückung ein Ende zu bereiten. Ein einziges Zeichen, dass er gewillt ist, mich anzubeten, und es soll ihm gegeben sein, Frieden und Überfluss, Zufriedenheit und guten Willen zu schaffen – sich selbst als höchste Kraft des Guten zu erkennen. Dieser Versuchung wird er niemals widerstehen können!" Und Luzifer, der Sohn des Morgens, lachte in seiner Unwissenheit und seinem Hochmut laut auf und fuhr durch den Himmel wie ein brennender Feuerstrahl, hinab in die untersten Tiefen ...

Im Osten aber traten drei Himmelskundige vor ihre Herren und sprachen: „Wir haben ein mächtiges Licht am Himmel gesehen. Ein großer Herrscher muss geboren worden sein."

Doch während alle von Zeichen und Wundern flüsterten und redeten, murmelte ein sehr alter Sterndeuter: „Ein Zeichen Gottes? Gott hat keine Zeichen und Wunder nötig. Es scheint mir eher ein Zeichen Satans. Ich meine, wenn Gott zu uns kommen wollte, dann würde er ganz still kommen."

Im Stall aber herrschte Freude und Jubel. Der Esel schrie, der Ochse brüllte, Pferde wieherten, und Männer und Frauen drängten herbei, um das Kind zu sehen, und reichten es von einem zum anderen, und es lachte und jauchzte und lächelte sie alle an.

„Seht", riefen sie. „Es liebt uns alle. Noch nie hat es solch ein Kind gegeben ..."

# *Zu Bethlehem*

## MATTHIAS CLAUDIUS

Maria war zu Bethlehem,
Wo sie sich schätzen lassen wollte;
Da kam die Zeit, da sie gebären sollte.
Und sie gebar ihn –
Und als sie ihn geboren hatte
Und sah den Knaben nackt und bloß,
Fühlt sie sich selig, fühlt sich groß,
Und nahm voll Demut ihn auf ihren Schoß
Und freuet sich in ihrem Herzen sein,
Berührt den Knaben zart und klein
Mit Zittern und mit Benedein,
Und wickelt ihn in Windeln ein ...
Und bettete ihn sanft in eine Krippe hin.
Sonst war kein Raum für ihn.

# DAS

## Wichtigste

### AN

## Weihnachten

# Weihnachtsstimmung

BIANKA BLEIER

**W**eihnachten fängt nicht dort an, wo es nach Zimt und Nelken riecht, Gebäck uns das Wasser im Mund zusammenlaufen lässt, klingende Glöckchen uns kauffreudig stimmen. Weihnachten beginnt nicht dort, wo die Stimmung stimmt; nicht einmal dort, wo unsere Sehnsucht nach Frieden, Freude, Weihnachtskuchen gestillt wird.

Es geht um mehr als um Weihnachtsgebäck, Weihnachtsgeschenk, Weihnachtsbaum, Weihnachtsgeld, Weihnachtsmann.

Es geht um viel mehr als um die „richtige" Weihnachtsstimmung.

Wie war es denn damals, als Jesus geboren wurde?

Ein Volk, das stöhnte und die Fäuste wütend ballte unter einer machtbesessenen Regierung, die weder Korruption noch Gewalt scheute, wenn es darum ging, die Herrschaft zu erhalten.

Statt klingender Glöckchen das Rasseln römischer Soldatenuniformen.

Statt häuslicher Geborgenheit der Befehl der römischen Besatzungsmacht, sich zählen zu lassen. Josef und seine hochschwangere Maria unterwegs auf einem mehrtägigen Fußmarsch ohne Reiserücktrittsversicherung, all-inclusive: unwegsame Straßen, Wegelagerer, überfüllte Unterkünfte. Inmitten dieses brodelnden Kessels kommt Gott zur Welt.

Wenn ich das Drehbuch für die erste Weihnacht hätte schreiben dürfen, hätte ich mir eine angenehmere Kulisse für die Geburt des Gottessohnes ausgedacht.

Aber Gott sucht nicht den Frieden, er bringt ihn uns. Er sucht keine heilen Menschen, er bringt Heilung. Er sucht keine selbstzufriedenen Zeitgenossen, er bringt Rettung denen, die danach hungern. Er wird einer von uns, um uns dort zu begegnen, wo unsere Not am größten ist. Er kehrt unsere Probleme unter dem Teppich hervor und räumt in unserem Leben auf. Es ist bedauerlich, dass wir so viele Probleme haben. Aber genau deswegen ist Gott in unsere Welt gekommen!

In Herrlichkeit zu erscheinen wäre für Gott nichts Besonderes gewesen. Als kleiner, hilfloser Mensch auf die Erde zu kommen schon.

Warum tut sich Gott so etwas an? Warum ist er nicht in geordneten Verhältnissen erschienen, in Herrlichkeit?

Weil Weihnachten belanglos geblieben wäre, so wie wir Weihnachten heute zu einem belanglosen Fest machen, wenn wir für 48 Stunden heile Welt spielen. Gottes Segen wird nicht in erster Linie dort sichtbar, wo heile Welt ist, sondern dort, wo Heilung gebraucht wird.

Wie oft am Tag bin ich damit beschäftigt, einen guten Eindruck zu machen. Aber Gott hat kein Interesse an meiner makellosen Fassade.

Er will mit mir hinabsteigen in meine innerste Wirklichkeit, in meine Verletzungen und Verhärtungen, meine Bedürftigkeit und Schwachheit. Meine Erbärmlichkeit weckt sein Erbarmen.

Ich muss kein „Glaubensriese" sein. Ich muss nicht erst Ordnung schaffen, damit Gott einkehrt in mein Herz. Weihnachten ereignet sich unabhängig von widrigen Umständen – dort, wo Gott unsere letzte Sicherheit sein darf und wir unsere Lebensqualität nicht mehr von äußeren Bedingungen abhängig machen. Gerade darin liegt die Hoffnung dieses Festes: Wir brauchen Weihnachten nicht zu machen. Wir dürfen es in uns geschehen lassen. Weihnachten ist!

# Das Wichtigste an Weihnachten

JOHANNES HILDEBRANDT

Die Tiere diskutierten einmal über Weihnachten. Sie stritten, was wohl die Hauptsache an Weihnachten sei.

„Na klar, Gänsebraten", sagte der Fuchs, „was wäre Weihnachten ohne Gänsebraten?!"

„Schnee, viel Schnee", sagte der Eisbär, und voller Verzückung schwärmte er: „Weiße Weihnachten!"

Das Reh sagte: „Ich brauche aber einen Tannenbaum, ohne Tannenbaum kann ich nicht Weihnachten feiern!"

„Aber nicht so viele Kerzen", heulte die Eule, „schön schummrig und gemütlich muss es sein, Stimmung ist die Hauptsache."

„Aber mein neues Kleid muss man sehen", sagte der Pfau, „wenn ich kein neues Kleid kriege, ist für mich nicht Weihnachten."

„Und Schmuck", krächzte die Elster, „jedes Weihnachtsfest kriege ich was: einen Ring, ein Armband, eine Brosche oder eine Kette, das ist für mich das Allerschönste an Weihnachten."

„Na, aber bitte den Stollen nicht vergessen", brummte der Bär, „das ist doch die Hauptsache. Wenn es den und all die süßen Sachen nicht gibt, verzichte ich auf Weihnachten."

„Mach's wie ich", sagte der Dachs: „Pennen, pennen, das ist das Wahre. Weihnachten heißt für mich mal richtig pennen!"

„Und saufen", ergänzte der Ochse, „mal richtig saufen und dann pennen" –

aber da schrie er: „Aua!", denn der Esel hatte ihm einen Tritt versetzt: „Du Ochse, denkst du denn nicht an das Kind?"

Da senkte der Ochse beschämt den Kopf und sagte: „Das Kind, ja, das Kind, das ist doch die Hauptsache!"

„Übrigens", frage er dann den Esel, „wissen das die Menschen eigentlich?"

# Die Geschichte vom Weihnachtsbraten

MARGRET RETTICH

Einmal fand ein Mann am Strand eine Gans. Tags zuvor hatte der November-sturm getobt. Sicher war sie zu weit hinausgeschwommen, dann abge-trieben und von den Wellen wieder an Land geworfen worden. In der Nähe hatte niemand Gänse. Es war eine richtige weiße Hausgans. Der Mann steckte sie unter seine Jacke und brachte sie seiner Frau: „Hier ist unser Weihnachtsbraten."

Beide hatten noch niemals ein Tier gehabt, darum hatten sie auch keinen Stall. Der Mann baute aus Pfosten, Brettern und Dachpappe einen Ver-schlag an der Hauswand. Die Frau legte Säcke hinein und darüber einen al-ten Pullover. In die Ecke stellte sie einen Topf mit Wasser.

„Weißt du, was Gänse fressen?", fragte sie. „Keine Ahnung", sagte der Mann.

Sie probierten es mit Kartoffeln und mit Brot, aber die Gans rührte nichts an. Sie mochte auch keinen Reis und nicht den Rest vom Sonntagsnapfku-chen.

„Sie hat Heimweh nach anderen Gänsen", sagte die Frau. Die Gans wehrte sich nicht, als sie in die Küche getragen wurde. Sie saß still unter dem Tisch. Der Mann und die Frau hockten vor ihr, um sie aufzumuntern. „Wir sind eben keine Gänse", sagte der Mann. Er setzte sich auf seinen Stuhl und suchte im Radio nach Blasmusik. Die Frau saß neben ihm am Tisch und klapperte mit den Stricknadeln. Es war sehr gemütlich. Plötzlich fraß die Gans Haferflocken und ein wenig vom Napfkuchen. „Er lebt sich ein, der liebe Weihnachtsbraten", sagte der Mann.

Bereits am anderen Morgen watschelte die Gans überall herum. Sie steckte den Hals durch offene Türen, knabberte an der Gardine und machte einen Klecks auf den Fußabstreifer. Es war ein einfaches Haus, in dem der Mann und die Frau wohnten. Es gab keine Wasserleitung, sondern nur eine Pumpe. Als der Mann einen Eimer voll Wasser pumpte, wie er es jeden Morgen tat, ehe er zur Arbeit ging, kam die Gans, kletterte in den Eimer und badete. Das Wasser schwappte über, und der Mann musste noch einmal pumpen.

Im Garten stand ein kleines Holzhäuschen, das war die Toilette. Als die Frau dorthin ging, lief die Gans hinterher und drängte sich mit hinein. Später ging sie mit der Frau zusammen zum Bäcker und in den Milchladen.

Als der Mann am Nachmittag auf seinem Rad von der Arbeit kam, standen die Frau und die Gans an der Gartenpforte. „Jetzt mag sie auch Kartoffeln", erzählte die Frau. „Brav", sagte der Mann und streichelte der Gans über den Kopf, „dann wird sie bis Weihnachten rund und fett."

Der Verschlag wurde nie benutzt, denn die Gans blieb jede Nacht in der warmen Küche. Sie fraß und fraß. Manchmal setzte die Frau sie auf die Waage, und jedes Mal war sie schwerer. Wenn der Mann und die Frau am Abend mit der Gans zusammensaßen, malten sich beide die herrlichsten Weihnachtsessen aus. „Gänsebraten und Rotkohl, das passt gut", meinte die Frau und kraulte die Gans auf ihrem Schoß. Der Mann hätte zwar statt Rotkohl lieber Sauerkraut gehabt, aber die Hauptsache waren für ihn die Klöße. „Sie müssen so groß sein wie mein Kopf und alle genau gleich", sagte er. „Und aus rohen Kartoffeln", ergänzte die Frau. „Nein, aus gekochten", behauptete der Mann. Dann einigten sie sich auf Klöße halb aus rohen und halb aus gekochten Kartoffeln. Wenn sie ins Bett gingen, lag die Gans am

Fußende und wärmte sie. Mit einem Mal war Weihnachten da. Die Frau schmückte einen kleinen Baum. Der Mann radelte zum Kaufmann und holte alles, was sie für den großen Festschmaus brauchten. Außerdem brachte er ein Kilo extrafeine Haferflocken.

„Wenn es auch ihre letzten sind", seufzte er, „soll sie doch wissen, dass Weihnachten ist." „Was ich sagen wollte", meinte die Frau, „wie, denkst du, sollten wir ... ich meine ... wir müssten doch nun ..." Aber weiter kam sie nicht.

Der Mann sagte eine Weile nichts. Und dann: „Ich kann es nicht."

„Ich auch nicht", sagte die Frau. „Ja, wenn es eine x-Beliebige wäre. Aber nicht diese hier. Nein, ich kann es auf gar keinen Fall."

Der Mann packte die Gans und klemmte sie in den Gepäckträger. Dann fuhr er auf dem Rad zum Nachbarn. Die Frau kochte inzwischen den Rotkohl und machte die Klöße, einen genauso groß wie den anderen.

Der Nachbar wohnte zwar ziemlich weit weg, aber doch nicht so weit, dass es eine Tagesreise hätte werden müssen. Trotzdem kam der Mann erst am Abend wieder. Die Gans saß friedlich hinter ihm.

„Ich habe den Nachbarn nicht angetroffen, da sind wir etwas herumgeradelt", sagte er verlegen. „Macht gar nichts", rief die Frau munter, „als du fort warst, habe ich mir überlegt, dass es den feinen Geschmack des Rotkohls und der Klöße nur stört, wenn man noch etwas anderes dazu auftischt."

Die Frau hatte recht, und sie hatten ein gutes Essen. Die Gans verspeiste zu ihren Füßen die extrafeinen Haferflocken. Später saßen sie alle drei nebeneinander auf dem Sofa in der guten Stube und sahen in das Kerzenlicht.

Übrigens kochte die Frau im nächsten Jahr zu den Klößen zur Abwechslung Sauerkraut. Im Jahr darauf gab es zum Sauerkraut breite Bandnudeln. Das sind so gute Sachen, dass man nichts anderes dazu essen sollte.

Inzwischen ist viel Zeit vergangen. Gänse werden sehr alt.

# Weihnachtslied

## THEODOR STORM

Vom Himmel in die tiefsten Klüfte
Ein milder Stern herniederlacht;
Vom Tannenwalde steigen Düfte
Und hauchen durch die Winterlüfte,
Und kerzenhelle wird die Nacht.

Mir ist das Herz so froh erschrocken,
Das ist die liebe Weihnachtszeit!
Ich höre fernher Kirchenglocken
Mich lieblich heimatlich verlocken
In märchenstille Herrlichkeit.

Ein frommer Zauber hält mich wieder,
Anbetend, staunend muss ich stehn;
Es sinkt auf meine Augenlider
Ein goldner Kindertraum hernieder,
Ich fühl's, ein Wunder ist geschehn.

14 MINUTEN

# Raachermannels großer Tag

KURT H. MÖLLER

### *Ein erzgebirgisches Weihnachtsmärchen*

**E**r war immer der Erste. Schon Tage vor dem ersten Advent wurde er in die Stube geholt und auf seinen angestammten Platz auf der Kommode gestellt. Das war schon bei der Großmutter so gewesen und auch von der Mutter so gehalten worden. Als die Großmutter gestorben und sowohl die Kommode als auch das Räuchermännchen in den Besitz der jungen Familie übergegangen waren, setzte die Enkeltochter, die nun die Mutter war, die alte Tradition fort. So stand er da und wartete auf den Abend vor dem ersten Advent, an dem er wie jedes Jahr den ersten Rauch in die Stube blasen und adventlichen Duft verbreiten durfte.

's Raachermannel', so wurde er genannt. Einen anderen Namen hatte er nicht, brauchte er auch nicht. „'s Raachermannel" genügte. Der Großvater hatte ihn in jungen Jahren selbst gedrechselt, geschnitzt und angemalt. Wie alle Männer und Frauen und Kinder hatte er in der Spielzeugherstellung gearbeitet, so wie es seit Generationen im Erzgebirge Tradition war. Er war zwar auch noch einem anderen Beruf nachgegangen, aber darüber wusste die Enkeltochter nichts Genaueres. Diese Arbeit hatte wohl nicht genug eingebracht, um die große Familie mit mehreren Kindern zu ernähren. Also hatten sie alle helfen müssen, die Räuchermännchen und die

Nussknacker, die Bergmänner und die Engellichtträger, Maria und Josef, Hirten und Schafe für die Pyramiden zu drechseln, zu schnitzen, zu leimen und zu bemalen. Manchmal hatte der Großvater auch ein kleines Pferd oder zierliche Püppchen geschnitzt, einmal sogar eine ganze Puppenstube mit Möbeln für die Mutter, als diese noch so klein und lieblich gewesen war wie jetzt das Mädchen der Enkeltochter.

Jahre waren darüber ins Land gegangen. Der Großvater war schon lange im Himmel. Im Himmel, aus dem die Holzmännchen und Lichterengel, die Heilige Familie und die Hirten mit ihren Schafen in Wahrheit herabsteigen, wenn es wieder Advent wird, um ihre Plätze auf Pyramiden und Schwibbögen oder auf Kommoden und Fensterbänken einzunehmen. Nur die Mütter und Großmütter, manchmal auch die Großväter, wussten, dass sie den Sommer auf dem Dachboden in alten Zeitungen und Pappkartons verschlafen hatten.

Blank geputzt und wo nötig ausgebessert, stand er auf der Kommode. Die große Kristallvase, ebenfalls ein Erbstück von der Großmutter, musste für diese Zeit immer in der Kommode verschwinden. Was ihr gar nicht recht war, weil sie zu gerne die vielen Kerzen und Lichter in ihrem Kristallglas hätte blinken und funkeln sehen.

Stolz, die Pfeife zum Anzünden bereit, thronte er über dem ganzen Advents- und Weihnachtsgeschehen. Tief zog er den Rauch ein und blies ihn in die Stube, wenn die Pfeife am ersten Advent angezündet worden war. Am Morgen, noch vor dem Kirchgang, stand schon die Pyramide auf dem Stubentisch, ausgestattet mit schlanken gelben Kerzen, um sich am Nachmittag, wenn die Familie um den Kaffeetisch versammelt war, im Licht und von der Wärme zu drehen. Große, lange Schatten malten die Flügelblätter an die Decke und gleichmäßig und ruhig traten die Schafe ganz unten, Maria und Josef mit der Krippe in der Mitte und die Engel auf der obersten Etage ihre Runde an. Mit freundlichem Blick begrüßte das Raachermannel die weihnachtliche Pyramidengesellschaft, und wenn von der Familie gerade

keiner zu ihm herüberschaute, nahm er wohl auch mal die Pfeife aus dem Mund und winkte zum Kaffeetisch hinüber. Seinen Rauch blies er dann immer besonders kräftig in die Stube, sodass der jüngste der Pyramidenhirten, der Hirtenjunge, der stets flink hinter den verirrten Schafen herlief, husten musste.

Wenn dann die ersten Weihnachtsplätzchen probiert waren und sich der Kaffeeduft verzogen hatte, brachte die Mutter wie zufällig vom Ofen in der Schürze den Nussknacker mit. Bevor der seine Arbeit beginnen konnte, musste er verstohlen zu dem Raachermannel hinüberschauen. Und wenn dieser zustimmend genickt hatte, nahm er seine Arbeit auf, indem er mit seinen kräftigen Zähnen für die Kinder die Nüsse knackte.

Am nächsten Tag stellte die Mutter den Stall für die Weihnachtsgeschichte in die Stube, direkt unter das Fenster, sodass er von der Sonne und nachts von Mond und Sternen in Augenschein genommen werden konnte. Der Abendstern schaute besonders freundlich und strahlend herab, weil er ja den Heiligen Drei Königen den Weg weisen sollte. Auf der anderen Fensterbank hatte ein Schwibbogen seinen Platz, um etwas Adventslicht in die dunkle Welt zu bringen. Jeden Tag gesellte sich nun jemand dazu, mal ein Schaf, das hinter einem Hirten her dem Stall zustrebte, dann ein Engellichtträger und wieder einen Tag später der Ochse, der sich breit und faul vor die Krippe legte, als brauche man diese gar nicht für das Jesuskind. Einige Tage später kamen von weit her Maria und Josef müde und erschöpft an und rückten mit jedem Tag ein wenig näher zum Stall. Und die Weisen aus dem Morgenland, die als die Heiligen Drei Könige in der Weihnachtserzählung ihren Platz gefunden haben, begaben sich auf die Reise. Das Raachermannel begrüßte sie alle freundlich und wies einem jeden seinen Platz an. Manchmal musste sich die Mutter wundern, dass der kleine Holzsammler, ebenfalls einer aus der Sippe der Räuchermännchen, mehrmals in der Adventszeit seinen Standort wechselte oder die Schafe immer wieder zurückliefen. Wie oft sie sie auch zurechtrückte, am nächsten Morgen standen sie doch wieder an der alten Stelle; schließlich gab sie es auf. So füllte sich die

Stube mit weihnachtlichen Leuten, Tieren, himmlischen Boten und Räuchermännchen, Lichtträgern und Bergmännern aus den Silberstollen des Erzgebirges. Das Raachermannel hatte alle Hände voll zu tun, dass alles in adventlicher Stimmung und guter Ordnung ablief. Die in diesem Jahr neu hinzugekommenen Goldsterne mit dem Halbmond auf der Spieldose wollten die ganze Nacht hindurch tanzen und singen und waren kaum zur Ruhe zu bringen. Schließlich waren am Tag vor dem Heiligen Abend alle versammelt. Es duftete nach Tannen und Kerzen im Raum. Einen großen Baum hatte der Vater aus dem Wald geholt und mitten in die Stube gestellt, nahe dem Stall mit der Krippe, sodass die unteren Zweige bis an die Dachtraufe reichten und der Stall auf diese Weise fast ein wenig Geborgenheit empfing. Ausgelegt mit frischem Stroh, war er erfüllt von Schafgeblök und Stimmengewirr der Hirten. Maria lehnte sich müde an Josefs Schulter und schaute voll Hoffnung in die noch leere Krippe. Die Weisen auf ihren Kamelen riefen ihren Knechten und Tierführern noch letzte Anweisungen zu. Der Esel wackelte voll Ungeduld mit seinen langen Ohren und der Ochse kaute behaglich und faul an seinem Mittagsmahl. Die Engel übten im Dachgebälk des Stalles schon ihren Lobgesang. Und über allem schwebte der würzige Rauch des Raachermannels und seiner Untertanen. Alles war vorbereitet und wartete auf den großen Tag; den Tag, an dem das Jesuskind in die Krippe gelegt würde und das große Geburtstagsfest des Christuskindes beginnen könnte. Das Raachermannel schaute sich noch einmal um und machte dann seine Pfeife aus, um sich vor ebendiesem großen Tag, an dem Gott in die Welt kommen wollte, noch ein wenig schlafen zu legen. Die vielen langen Adventsabende hatten ihn doch sehr angestrengt. Auch das wiederholte sich Jahr um Jahr, denn wenn die Mutter oder der Weihnachtsmann, wer wollte das genau wissen, die Geschenke unter dem Weihnachtsbaum verteilte, durfte niemand dabei sein.

Erst am Nachmittag des Heiligen Tages, als die Familie durch den knirschenden Schnee der kleinen Dorfkirche zustrebte, um an der Christvesper teilzunehmen, und es in der Weihnachtsstube ganz still geworden war, nur

hin und wieder eines der kleinen Räuchermännchen seine Glieder reckte oder der Nussknacker die Zähne ein wenig knirschen ließ, auch ein Engel etwas mit den Flügeln raschelte, erst dann übernahm das Raachermannel wieder die Verantwortung für das Geschehen. Es streckte sich, rieb sich den letzten Schlaf aus den Augen und betrachtete wohlwollend die Gaben, die unter und vor dem Weihnachtsbaum liebevoll aufgebaut waren. Neben ein paar Paketen und Päckchen, mit Weihnachtspapier und bunten Schleifen versehen, beherrschte ein großes Puppenhaus die Szene. Gewaltig, mit einem roten Dach und einem Obergeschoss mit Balkon, stand es da und drängte alles an die Seite.

Verwundert schaute das Raachermannel: Dort, wo sonst der Stall mit der Krippe und dem Jesuskind, mit Maria und Josef, Ochs und Esel, den Hirten und Schafen, den drei Königen und ihren Kamelen seinen Platz gehabt hatte, machte sich das Puppenhaus breit. Es war ein prächtiges Haus mit wunderschönen Möbeln im Wohnzimmer, einer hochmodernen Einbauküche und einem weißen Schlafzimmer; sogar ein Bad gab es da. Das Raachermannel konnte sich gar nicht sattsehen. Wo aber war der Stall geblieben, der doch das Wichtigste an Weihnachten war und ohne den das Fest gar nicht stattfinden konnte? So schnell ihn seine vom langen Stehen steif gewordenen Beine zu tragen vermochten, sprang er von der Kommode auf die Sessellehne und von dort auf das Kissen und den Boden. „Aufwachen, aufwachen!", rief er durch das Weihnachtszimmer und weckte den Nussknacker, die Engellichtträger, die Bergmänner und all die kleinen Räuchermännchen. „Der Stall ist weg! Wo ist die Krippe für das Jesuskind?" Aufgeregt lief er hin und her und trieb die anderen zum Suchen an. Das war ein Rascheln und Wispern und Flüstern, denn es musste ja alles ganz leise vonstattengehen, damit das Kindlein nicht aufwachte, falls es doch schon irgendwo in der Krippe liegen sollte. Auch die Engel, die für das himmlische Gloria gebraucht wurden, sausten mit aufgeregtem Flügelschlag von einer Ecke in die andere. „Wo ist der Stall, wo ist die Krippe?" Das hatte das Raachermannel in all den Jahren noch nicht erlebt, dass der Stall mit der Krippe und dem Jesuskind den Geschenken hatte weichen müssen. Die hatten sich immer mit dem Platz neben oder hinter dem Stall zu bescheiden gehabt. Sie waren zwar seit Großmutters Zeiten immer größer und prächtiger geworden, aber die Krippe hatten sie nicht verdrängen können. „Hier! Hier!", rief eine helle Stimme ganz unten von den Tannenzweigen des Weihnachtsbaumes herauf. „Hier ist sie, ganz geduckt unter den weiten Ästen des Christbaumes." Der Hirtenjunge, der ja auch die verirrten Schafe zu suchen gewohnt war, hatte sie entdeckt. Schnell kam das Raachermannel näher, um zu kontrollieren, ob denn alles vorhanden sei: Ochs und Esel, die Hirten und Schafe, die drei Weisen mit ihren Kamelen und vor allem die Heilige Familie mit dem Kind. Da lag es auf Heu und auf Stroh lieblich schlummernd wie jedes Jahr. Aber kaum zu sehen. Das große Puppenhaus mit den herrlichen hellen Zimmern hatte es völlig an die Seite und tief unter die Äste des Weihnachtsbaumes gedrängt.

Was war zu tun? So konnte es doch nicht Weihnachten werden! Der Stall mit dem Christkind in der Futterkrippe gehörte in die Mitte und nicht die vornehme Puppenvilla mit Sofa und weichen Betten. Da hatte man nicht lange zu überlegen. Da musste gehandelt werden. Die ganze erzgebirgische Adventsgesellschaft, allen voran das Raachermannel, schob und zog am Stall und am Puppenhaus, um jedes an seinen richtigen Platz zu bringen: den Stall in die Mitte und das Puppenhaus nach hinten. Sogar der Ochse  bequemte sich zum Mittun. Aber sosehr sie auch zogen und schoben, sich anstrengten und schnauften, keines von beiden bewegte sich auch nur ein bisschen. Erschöpft ließen sie ihre Arme sinken und sahen sich traurig an. Wie sollte so Weihnachten werden?! „Das geht doch nicht. Das kann doch  nicht sein. So kann es doch nicht bleiben", brummelte das Raachermannel in seinen Bart. „Ich hab's!", rief er plötzlich in die Weihnachtsstube, schüttelte allen Missmut aus den Gliedern und lief mit schnellen Schritten zum Stall. Er band den Esel los und setzte Maria darauf, nahm das Jesuskind behutsam auf den Arm und zog mit ihnen, gefolgt von dem verwundert drein-schauenden Josef, aus dem Stall in die Stube des Puppenhauses. Dort legte er das Christkind in die Puppenwiege. Das Püppchen fand solange in einem Sessel Platz. Maria, die völlig erschöpft war, bettete er auf das Sofa, während Josef es sich in dem anderen Sessel gemütlich machte. Gerade noch konnten die Lobgesangsengel ihre Balkenplätze im Stall mit der Gardinen-stange und dem Schranksims in der Puppenstube vertauschen, da rappelte es schon an der Haustür. Die Familie kam fröhlich und mit roten Wangen von der winterlichen Kälte und vor Aufregung wegen der bevorstehenden Bescherung von der Christvesper zurück, um in der Weihnachtsstube den Heiligen Abend zu feiern. Raachermannel und alle seine Gesellen hatten rings ihre vertrauten Plätze eingenommen.

Die Mutter sah es zuerst, als sie das alte Lied von dem entsprungenen Ros sangen, mitten im kalten Winter, wohl zu der halben Nacht. Das Jesuskind lag im warmen Bett inmitten der Puppenstube und, noch wichtiger, in der Mitte der Heiligabendfamilie, dort, wo es an diesem Tag und allen anderen Tagen auch hingehört.

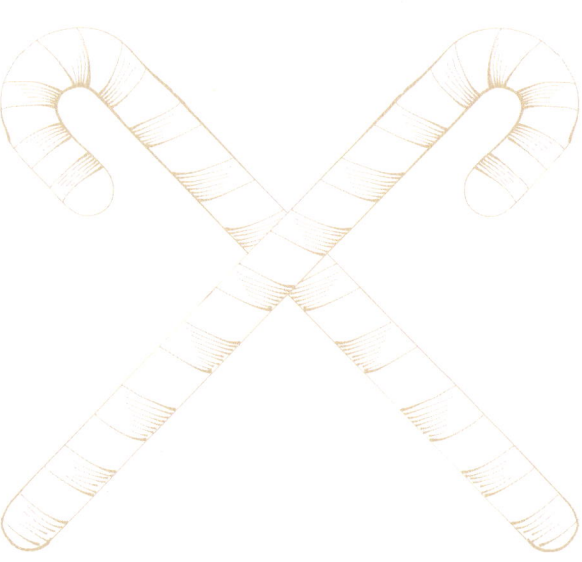

# Christus wird, was ich bin

MARTIN LUTHER

Die Weihnachtsgeschichte ist leicht verständlich, und ihr kennt sie doch wohl alle gut. Dennoch fehlt es immer noch am Glauben. Denn sie ist bald gelernt und hergesagt; aber dass das Herz auch daran glaube, das geht nicht so schnell. Es geht uns oft genug so, dass wir das Wort vergeblich hören. Es ist uns ein Getöne in unseren Ohren, aber wir vergessen's gleich wieder. Es ist ein Jammer, dass der Mensch so ganz verblendet sein kann, dass wir uns von dieser Freude nicht bewegen lassen. Es sollte für uns fürwahr in der Schrift nichts Fröhlicheres geben als dieses „Christus ist geboren". Was ist andere Freude im Vergleich mit dieser?

Gold, Freunde, Macht und Ehre usw. kann uns nicht so erfreuen wie die frohe Botschaft, dass Christus Mensch geworden ist. Eines Menschen Herz kann es nicht erdenken noch genug davon reden. Gott muss die Menschen von Herzen lieben, dass er uns eine solche Tat hören lässt, dass er mich nicht allein liebt, sondern mir so nahekommt, dass er mit mir Mensch wird. Er wird, was ich bin. Dafür sollten alle Herzen vor Dankbarkeit und Liebe zerschmelzen.

Christus wird, was ich bin. Er nimmt unsere Natur an und nimmt teil an ihr, sodass zwischen ihm und mir eine größere Verwandtschaft ist als zwischen Mann und Frau, obgleich das die nächste auf Erden ist. Wenn das Herz das recht betrachtete, würde es sogleich alles Unglück vergessen. Bist du mit Elend aller Arten vom Satan geplagt, so sage dir: Ich achte es für nichts, was mir zu Schanden und Leid vom Satan geschieht, weil ich eine so große Gnade und Ehre erfahre, der gegenüber alles andere nichts ist.

Der Evangelist hat die Weihnachtsgeschichte mit allem Fleiß beschrieben und in zwei Abschnitte geteilt. Im ersten berichtet er vom Elend in der Stadt Bethlehem, das Mutter und Kind erleiden, im zweiten von der Freude im Himmel. Lukas beschreibt das alles mit großem Fleiß, sodass einem die Augen übergehen möchten, wenn man es liest oder hört. Maria ist noch jung, mitten im Winter bricht sie auf, lässt ihr Haus stehen und macht sich schwanger auf den weiten Weg bis Bethlehem und nimmt die Beschwerden unterwegs auf sich. Man hätte ihr Teppiche unter die Füße breiten sollen, um des Kindes willen, das sie in ihrem Leibe trug. Dennoch geht sie in solchem Elend einen so weiten Weg, obwohl die Zeit ihrer Geburt so nahe war. Zwar sind in Bethlehem viele gewesen, die sich in Samt und Seide kleideten. Aber als Maria nach Bethlehem kommt, ergehts' ihr noch ärger als zuvor. Alle Herbergen sind voll. Zwar können alle andern Herberge kriegen, nur Joseph und Maria nicht. Denn sie ziehen einher wie arme Bettler. Sie müssen in den Stall, in eine schändliche Unterkunft. Es ist die Welt unwert, ihrem Schöpfer Herberge zu geben. Dennoch ist dieser Stall herrlicher gewesen als irgendein Königssaal. O dass ich doch auch in dem Stall sein könnte, wo mein Herr zur Herberge gewesen ist! Das mögen edle Tiere gewesen sein, welche einen solchen Gast gehabt haben, denn die Menschen waren dessen nicht wert. Wenn jemand dies recht bedächte, dass Maria nicht so viel Raum gehabt hat, wo sie ihren Fuß hinsetzen konnte, sollte er da nicht allem feind werden, was auf Erden ist, wenn er diese Geburt bedächte? Die Tiere muss man von der Krippe wegtreiben, damit das Kind Platz findet.

Das wird uns von Lukas alles darum so vor Augen gestellt, damit die elende und arme Geburt Christi auf Erden uns ins Herz dringe, wenn sie uns nicht von allein im Herzen lebt. Das soll uns dazu bewegen, dass einem im Vergleich zu dieser Freude, die für uns aus dieser Geburt kommt, alles in der Welt nichts sei. Aber dennoch begreifen wir's nicht, darum verachten wir's. Geld, Gold, Silber, mit dem füllen wir uns. Es ist ein schlecht Ding um die Menschen, dass das Herz es nicht begreift, dass all das weniger als nichts ist im

Vergleich zu dieser Geburt. Bei uns gilt ein Gulden mehr als der Sohn Gottes, der um unsertwillen elend geboren ist. Die Weihnachtsgeschichte kennen wir wohl. Wenn es aber auf den Glauben daran ankommt, dann fehlt es uns.

Früher und anderswo machte man zum Weihnachtsfest viel Rühmens von der Jungfrauschaft Mariens. Das ist zwar nicht falsch. Aber man sollte viel mehr davon sprechen, dass Christus geboren ist, als davon, dass er von einer Jungfrau geboren ist. Darauf kommt es nicht an, dass sie Jungfrau ist, sondern darauf vor allen Dingen, dass er geboren ist und dass dieser Jungfrau Sohn meines Wesens und meiner Natur geworden ist, obwohl er dennoch Gott ist, dass er mir so nahegekommen ist, dass er das ist, was ich bin. Das ist unsere Herrlichkeit, und das soll uns so fröhlich machen, dass unsere Herzen vor Freude zerspringen möchten.

## Weihnachten ist unser Fest

### GREGOR VON NAZIANZ

Weihnachten ist unser Fest. Feiere die Geburt, durch die du erlöst wurdest. Ehre das kleine Bethlehem, welches dich zum Paradies zurückbrachte. Mache dich auf dem Stern und bringe Geschenke dar mit den Weisen … mit dem Hirten preise ihn, mit den Engeln singe Jubellieder, und mit den Erzengeln führe Reigen auf.

Gemeinsam feiern wir das Fest im Himmel und auf Erden; denn ich bin überzeugt, dass sich auch jene im Himmel mitfreuen, da sie ja den Gott-Menschen lieben.

# DIE Könige

# Die vertauschten Stäbe

WERNER REISER

Ein König, der alles hatte, was sich ein Herrscher wünschen und erwerben kann, fühlte sich müde und allein. So viele Jahre hatte er die Krone nach außen vertreten, hatte verhandelt und gekämpft und sich dabei den Menschen entfremdet. Er besaß Wissen und Erfahrung und war allen überlegen. Vor lauter wichtigen Dingen sah er nicht mehr, was um ihn geschah, er spürte nur, dass er in seiner Würde immer einsamer wurde.

Eines Tages erinnerte er sich, dass er von drei Königen Kunde bekommen hatte, die einem Stern gefolgt waren und an einem abgelegenen Ort einen kindlichen König gefunden hatten, der ihr Leben völlig verändert hatte. Er entschloss sich, auch dorthin zu gehen. Vielleicht würde er dort finden, was ihm Reichtum und Würde versagten. Er sagte niemandem ein Wort, legte alle Zeichen seiner Stellung ab und machte sich heimlich auf den Weg. Er nahm nur seinen Stab mit sich, der ihm am liebsten war. Er war aus edlem Holz gefertigt und mit vielen goldüberzogenen Figuren verziert, die seine Kämpfe und Siege darstellten. Er bestrich ihn unterwegs mit Erde und Asche, damit er seinen Träger nicht verriete.

Nachdem er am Ort angekommen war, der ihm aus der Kunde der drei Könige bezeichnet worden war, stand er vor einer armseligen Hütte. Er stieß die Holztür auf, die nur angelehnt war, damit auch ein Schwacher sie öffnen könnte, und trat ein.

Er blickte um sich. Niemand war da. Nichts war da. Nur eine Krippe stand da, sie war leer. Der Boden unter ihr war von vielen Füßen zertreten. Nachdem sich seine Augen an das Dunkel gewöhnt hatten, gewahrte er einen alten Hirten, der vor der Krippe kniete und in seine Gedanken und Träume versponnen schien. Sein Stab lag neben ihm auf der Erde. Er bemerkte den Eingetretenen nicht. Seine Augen waren weit offen und schauten dahin, wo etwas anderes zu sehen war. Von der seltsamen Kraft dieser Andacht betroffen, blieb der König regungslos stehen. Er betrachtete lange die Krippe, in der einst der kindliche König gelegen hatte. Ihre Leere begann wie ein Sog auf ihn zu wirken und holte aus dem Verborgenen seines Herzens empor, was ihn seit Langem bewegt und unruhig gemacht hatte. Seine Herrscherkraft und seine Menschenscheu, seine Würde und seine Einsamkeit, sein Amt und seine Müdigkeit stiegen in ihm hoch, fielen von ihm ab und sanken in die Krippe, dorthin, wo der versunkene Blick des alten Hirten ruhte.

Ein leiser Wind strich durch die Hütte, und es war, als ob er in einem sanften Wirbel die Nöte des Königs und die Andacht des Hirten vermischte. Beider Herzen füllten sich mit dem, was in der Krippe lag. In die Augen des Hirten kam ein wissender Glanz und in die Augen des Königs ein milder Schein. Der Hirte erkannte plötzlich die Größe der Verantwortung und die Not der Macht, die hinter dem Unbekannten aufstiegen, und der König spürte die Tiefe und Güte des Friedens, der vom Knienden ausging. Erschrocken schauten sie einander an. Der König ließ seinen Stab aus der Hand fallen, kniete neben dem Hirten nieder, umarmte ihn und wurde von ihm umarmt. Lange verharrten sie schweigend nebeneinander, jeder spürte die Nähe des andern. Dann erhoben sie sich, nahmen ihre Stäbe, verließen die Hütte, und jeder ging nachdenklich seines Weges.

Erst nach einiger Zeit merkte der König, dass sein Stab anders in der Hand lag als sonst. Er schaute ihn an und sah, dass er den Stab des Hirten mit sich genommen hatte. Er stützte sich kräftig auf ihn und wanderte mit wachen Augen durch sein Land. Zum ersten Mal sah er, wie die Menschen lebten, litten, arbeiteten und miteinander umgingen. Er ließ den Stab auch nicht aus der Hand, als er wieder zu Hause war und den Geschäften seines Amtes nachging. Alle verwunderten sich über den unköniglichen Gegenstand und wollten ihm etwas Würdigeres aufdrängen. Er aber lächelte nur und sagte: „Mein Stab ist in rechten Händen, und der Stab in meiner Hand ist der rechte Stab. Es genügt, dass irgendwo jemand ist, der an mich denkt und Königliches sinnt, wie es genügt, dass ich weiß, für welche Menschen ich königlicher Hirte bin." Er herrschte friedlich über sein Volk und dankte dem Geheimnis der Hütte, das diesen Tausch zustande gebracht hatte.

# Die Heil'gen Drei Könige aus Morgenland

## HEINRICH HEINE

Die Heil'gen Drei Könige aus Morgenland,
Sie frugen in jedem Städtchen:
Wo geht der Weg nach Bethlehem,
Ihr lieben Buben und Mädchen?

Die Jungen und Alten, sie wussten es nicht,
Die Könige zogen weiter;
Sie folgten einem goldenen Stern,
Der leuchtete lieblich und heiter.

Der Stern blieb stehn über Josephas Haus,
Da sind sie hineingegangen;
Das Öchslein brüllte, das Kindlein schrie,
Die Heil'gen Drei Könige sangen.

15 MINUTEN

# Der Legionär und die Heiligen Drei Könige

CORNELIUS VAN DER HORST

Der Legionär Thorstraaten hat seit einigen Nächten schlechte Träume, und jetzt, als er zur dritten Nachtwache gerufen wird, geht er mit düsterem Gesicht zur äußeren Umwallung des Lagers, das die römischen Streifwachen am Ufer des Toten Meeres aufgeschlagen haben. Die Nacht ist windstill, und doch meint er ein fernes Brausen zu hören, verlorene Rufe, die über das schweigende Land hinschwirren wie nächtliche Vögel. Unstet treiben seine Gedanken hierhin und dorthin; manchmal steht er horchend still und starrt über die unbewegte Fläche des Meeres, die wie ein matter silberner Spiegel vor ihm glänzt. In der vergangenen Nacht ist er hochgefahren, eine dunkle Gestalt stand über ihn gebeugt, und eine sanfte Stimme war an seinem Ohr, eine Stimme, die wie ein Gesang war, zart und wiegend. Er hat noch lange wach gelegen und nachgedacht, die Stimme schwieg, und der Himmel schwieg, an dem die Bilder der Sterne wie immer heraufzogen, und es war wohl nur ein Traum, der über ihn gekommen war. Warum muss er plötzlich an den Morgen der Jugend denken, an dem er zum ersten Mal das Meer sah, hoch im Norden hinter der Wälderheimat, unter einem blau und golden leuchtenden Himmel? Er sieht sich aus dem Haus gehen und die langsam fallende Küste zum Meer hinablaufen, er schmeckt und trinkt den salzigen Geruch.

Der Legionär beginnt die Jahre zu zählen; er rechnet mühsam an den Fingern. Fünfzehn Jahre und noch mehr treibt ihn die Faust und die Stimme

des Centurio vorwärts, und heute will es ihm scheinen, als wäre sein weiter Weg aus den grünenden Wäldern daheim und von den Küsten der silbernen See nur ein immer mühsamerer Gang aus dem hellen Leben in die Finsternis der Nacht. Was ihn hierhergebracht, enträtselt sich ihm nicht mehr. Er muss sehr jung und sehr unweise gewesen sein, als sie ihn mitführten unter den glänzenden Feldzeichen des römischen Cäsars Augustus, unter fremden kalten Befehlen. Aus dem Lagerjungen, den man schlug und hetzte, ist der Legionär geworden. Man hat ihm seine Erinnerungen und seinen Namen genommen. Er hat einen anderen, römischen Namen dafür eingetauscht, mit dem er auf der Wache, im Feldlager und auf dem Marsche angerufen wird. Er hat gelernt, das römische Kurzschwert zu führen. Er hat noch mehr gelernt: das Töten, sooft es ihm befohlen wurde. Später – aus  dem blutigen Nebel der Jahre, aus dem verworrenen Wirbel der Jahre, aus dem dunklen Trommelschlag der Jahre auf sein Herz tauchen verzerrte Gesichter und bebende Stimmen auf, später war zwischen dem weinberauschten Gesang am Lagerfeuer und dem Blutrausch der Gefechte und Schlachten kein Unterschied mehr, das Entsetzen über das Tötenmüssen wich zurück, und die Jugend zerbrach. Das Haus des Vaters unter den gekreuzten Pferdeköpfen am Giebel wurde undeutlich, die Wälderheimat versank, und unter der südlichen Sonne verbrannte sein Herz.

Der Legionär Thorstraaten starrt zu dem Stern hinüber, der strahlend im Osten emporsteigt. Er hat ihn gestern und vorgestern wachsen sehen, aber erst in dieser Nacht, die die Erinnerungen wie eine Windsbraut zu ihm trägt, blickt er zu ihm empor, als sähe er dort die schimmernde Küste eines anderen Landes, wo seine treibenden Gedanken zur Ruhe gehen können. Er spürt einen schweren Atem in seinem Nacken, und er hört die kühle Stimme seines Centurio, der ihn fragt, was die bedeuten, die dort auf der Straße nach Beth Sahur vorübereilen. Der Legionär Thorstraaten blickt angestrengt hinüber, er wischt sich die Augen: Das sind Reiter, die dort vorüberfliegen, fast lautlos auf dem weichen, sandigen Grund der Straße. Und als wache die

Welt jäh auf aus dem Schweigen dieser Nacht, ist plötzlich Lärm über dem Land, und Geschrei kommt von den Bergen, und Lichter glühen auf über jagenden Pferden, und die Stimme des Centurio ist voller Wut und Hass und Gift. Die halb bekleideten Legionäre stürzen heran, das Kurzschwert in der Faust, und nun ist wieder die Luft der Gefahr um die Soldaten, von schnellen harten Atemstößen geteilt.

Die Schatten der eilenden Reiter sind wieder versunken, der Hufschlag der Pferde ist verhallt. Doch waren sie wohl nur der Vortrab eines größeren Zuges: Dort von den Bergen Moabs bricht ein neuer strahlender Reiterzug heran, im Licht der Fackeln, die über dem Zuge schwelen, flammen rot die goldenen Schabracken der Pferde und funkeln kleine Sterne am Zaumzeug. Wie eine Woge kommen sie heran: Reiter im Schwarm voraus und drei, die gesondert reiten. Sie sind heran; sie lachen und rufen, als sie die Kurzschwerter der Legionäre sehen. Sie gleiten von ihren Pferden und kommen mit geöffneten Händen näher. Der schimmernde Goldglanz auf ihren Kleidern sticht den Legionären in die Augen.

Der Centurio ist ein Weltmann, ein Römer, und hier ein Stellvertreter des Augustus. Der Centurio weiß: Das sind keine Räuber, das sind Botschafter und Gesandte, unterwegs zum Kaiser Augustus. Er hat ein breites Lachen um seinen Mund, auch seine Hand ist offen, und er spricht die kurzen römischen Grußworte. Dann, als er merkt, dass ein staunendes Fragen in den Gesichtern der Reiter ist, wiederholt er seine Worte in fremder Mundart. Sie verstehen sich, Thorstraaten hört schnelle Frage, rasche Antwort. Auf dem Gesicht des Centurio sieht er Zweifel, ein Lächeln dann, das sich rasch unter einem höflichen Ernst verbirgt. So viel ist klar, und Thorstraaten weiß es auch, nachdem sie wohl eine Stunde einander abgehorcht haben – das sind keine Botschafter an den Kaiser, und es sind auch keine Kundschafter, das sind ganz einfach wunderliche Narren, die einem Traum nachjagen, wie er schnell aufbrennt in diesen heißen Ländern, Träume von wunderbaren Welten und von gerechten Königen über der einen umfassenden Welt …

Die Legionäre lachen und witzeln, sie staunen freundlich hinauf zu dem strahlenden Stern, auf den die Reiter immer wieder mit schnellen erregenden Rufen deuten. Die Legionäre hören, dass die Fremden diesem Stern gefolgt sind und dass sie um seinetwillen Gebirge und Wüsten überwunden haben. Nun, es sind eben Narren, die Ernst machen mit dem schweren Wort, dass der Mensch von Anbeginn der Welt bis zu ihrem Ende unterwegs sein muss, um ihren Sinn zu erfahren. Aber das ist eine Weisheit für die Kaiser, für die Götter und die sonstigen Müßiggänger; das ist nicht die Weisheit der Legionäre. Thorstraaten sieht in die leidenschaftlichen Augen unter den goldbesäumten Kopftüchern, eine tiefere Glut wohnt in ihnen als der Widerschein flüchtiger Gedanken. Was ist dieses ratlose flammende Begehren, das die Gesichter aus ihren Bedrängnissen löst und sie öffnet, dem Stern entgegen, der glänzenden Insel der Hoffnung, die dort auf dem samtenen Rund des Himmels schwimmt?

Thorstraaten weiß es nicht; auch in ihm ist jetzt die Ratlosigkeit der anderen, und fast sprengt ihm die Freude die Brust, als der Centurio ihm mit knappen Worten befiehlt, den Zug der Fremden zu begleiten. – Ein Ehrengeleit!, so mit dünnem Lächeln zu den Fremden hinüber, die wohl mit blitzenden Geschenken antworten; eine Wache, für alle Fälle!, so zu sich selbst und mit einem raschen Blick hinüber zu dem Legionär Thorstraaten, der seines Hauptmanns Mienenspiel kennt und schweigend davongeht, um sich zu rüsten.

Und dann reitet er hinter den Fremden, ein wunderliches zerrendes Gefühl in den Gliedern. Wie lange hat er nicht mehr auf eines Pferdes Rücken gesessen? Er hat Mühe, sich oben zu halten. Solange sie im Schritt reiten, mag es noch gehen. Aber als der Vortrab die Ebene erreicht hat, die Pferde ausgreifen, da sind die Jahre nicht so rasch gezählt und wieder vergessen, die er auf staubigen Straßen marschiert ist; sie hängen ihm wie Blei in den Gliedern, und ein Krampf sitzt in seinen Fäusten. Unruhig tanzt das Pferd unter wechselndem Schenkeldruck. Ganz langsam aber erwacht die Erinne-

rung, und da wagt er es, den Kopf zu heben und sich im Sattel zurechtzurücken und mit dem wiegenden, warmen Rücken unter sich vertraut zu machen.

Die drei, die vor ihm reiten, sind stumm und nachdenklich. Manchmal sehen sie hinauf zu dem strahlenden Stern, und dann verschönt ein Lächeln ihre Gesichter. Heute, morgen und immer – denkt der Legionär Thorstraaten, und ein freudiges Gefühl sprengt die Ringe der Jahre. Er jagt manchmal an die Seite der Fremden vor, er spricht zu ihnen in der Sprache seiner Jugend. Sie verstehen ihn nicht, aber sie nicken und lächeln freundlich. Sie hören wohl die andere Stimme hinter dem Laut der fremden Worte, die verlangende sehnsüchtige Stimme nach Heimat, nach Frieden. Könige nennen sie sich, hat der Centurio beim Abreiten ihm zugeraunt, mit einem leisen, spöttischen Lachen. Könige wohl über drei Dattelpalmen und fünfzig Ziegenschläuche? Was soll ein römischer Weltmann sagen, wenn die Nacht einige Wüstensöhne ausspeit und ihrer drei gleich sind Könige ...? Rom ist groß und hat nur einen Augustus, und Augustus ist der Herr der Welt. Pass gut auf die Könige auf, hat der Centurio ihm in lateinischer Sprache nachgerufen, und das Lachen der Legionäre war noch lange in Thorstraatens Ohr.

Was geht mich der Kaiser an?, denkt Thorstraaten aufrührerisch. Warum soll es nicht Könige geben außer dem Kaiser? Dass sie, die Legionäre, marschieren für den Glanz und Ruhm des Cäsars, das macht den Kaiser. Und nun reite ich mit den Königen. Dämmert der Morgen? Nein, es ist der Stern, der zu ihren Häuptern weithin leuchtet. So leuchtete wohl noch nie ein Stern, als wolle er den ganzen Himmel in Flammen setzen. Ein helles Licht fließt über die Erde, und auch die Schatten in den Schluchten und Schründen werden durchsichtig und strahlen auf.

Sie verhalten die Pferde. Atemlos sehen die Reiter hinauf, und da sieht Thorstraaten, wie einer der Könige seinen Arm hebt und einen Bogen beschreibt über das ganze ungeheure Rund des Himmels, und er sieht, wie die

Tränen aus den geöffneten Augen stürzen und über das braune abgezehr-
te Gesicht laufen, und er sieht alle die hellen Gesichter der Könige und
ihrer Reiter. Dann reiten sie nur noch im Schritt weiter. Dumpf, fast un-
hörbar gehen die Hufe der Pferde durch fließenden Sand. Jetzt reiten die
Könige an der Spitze, und hinter ihnen reitet Thorstraaten. Sie reiten hinein in die Ebene von Beth Sahur, auf der viele Tausend Lagerfeuer brennen, von denen ein brausender Gesang aufsteigt. Vor einer Grotte hält
der Zug, und die Reiter steigen von ihren Pferden. Die Könige neigen ihr
Haupt unter dem niedrigen Eingang, und Thorstraaten muss sich noch
tiefer beugen, da er die Könige um Haupteslänge überragt.

Sie stehen in einem Stall, und es ist nicht viel Sonderliches darin zu sehen. Es ist ein Stall, wie es viele gibt in diesem Lande der Hirten. Und warum beugen die Könige ihre Knie vor der Frau, die auf einem armseligen
Bündel Heu sitzt und ein Kind in ihren Armen hält? Und warum kommt
über Thorstraaten plötzlich die Trauer, und warum brennt ein Wort in
seinem Herzen auf und nagt in ihm und treibt seine Füße zurück über die
Straßen, die Berge, die er bis zu diesem Ort gewandert? Er kann das Wort
nicht sagen, das in ihm brennt. Er weiß nur: Wenn es nicht mehr brennt
und schmerzt, wird Frieden sein in seiner Brust.

Der Legionär Thorstraaten hat noch einige Jahre unter den Feldzeichen
des Cäsars gedient. Er ist den langen Weg zurückmarschiert; ein Mann,
der grau wurde in Schlachten und Gefechten. Aber er hat die Stunde
dort auf der Ebene von Beth Sahur nicht mehr vergessen, unter den
Mauern der Stadt Bethlehem, in der Grotte des Kindes. Er weiß noch, wie
er aufschrak aus langem, verlorenem Grübeln, als draußen der Gesang
von Hirten mächtig emporstieg. Die Jahre starben so dahin, aber die
Stunde blieb, diese Stunde, die seine alte Welt zerstörte. Und es war
doch nur ein Lächeln, das aufblühte auf dem Gesicht einer jungen Frau,
die ihr Kind in den Armen wiegte und darüber sang mit leiser, sanfter
Stimme. Und es war diese Stimme die Stimme der Mutter daheim, wie

ein Windhauch, wenn er die Blätter und Zweige rührt in den Bäumen um des Vaters Haus.

Mehr hat sein Herz nicht angerührt. Und nur in seinem Geschlecht, das aus den wälderdunklen Zeiten bis in diesen Tag hineingewachsen ist, hat sich die Sage erhalten, es sei ein ferner Ahn im Dienste des römischen Kaisers Augustus in einer Nacht geritten vom Ufer des Toten Meeres zu der Stadt Bethlehem und er habe dort in einem Stall die Mutter und das Kind gesehen, von denen die Welt seit jener Nacht widerhallt und in deren Namen die Welt sich verwandelt hat. Das hat der Legionär Thorstraaten damals nicht gewusst, und es hat ihn später eine Kunde nicht mehr erreichen können, dass das Kind einmal die Päpste und die Kaiser, die Könige und die Ritter und die Bauern, die Reichen und die Armen, die Hochmütigen und die Barmherzigen, die Siegenden und die Untergehenden um seinen Namen versammeln würde, zu Liebe und Hass, zu Anbetung und Fluch, zum Ringen des Göttlichen mit den Dämonen in des Menschen Brust, ein Jahrtausend, zwei Jahrtausende und vielleicht noch alle Zeiten bis ans Ende der Welt. Nein, der Legionär Thorstraaten war nur einer der Wanderer, die lange durch die Nacht der Welt laufen, bis er zu dem Ort fand, wo die große Wahrheit der Welt bewahrt geblieben ist in der Unschuld des Kindes, über das sich das lächelnde Gesicht der Mutter beugt.

A MINUTEN

# Vom König, der Gott sehen wollte

LEO TOLSTOI

In einem fernen Lande lebte einst ein König, den am Ende seiner Tage Schwermut befiel. „Seht", sagte er, „nun habe ich in meinem Leben alles, was nur ein Mensch erleben und mit den Sinnen aufnehmen kann, erfahren, gehört und gesehen. Nur eines habe ich nicht gesehen im meinem ganzen Leben: Gott habe ich nicht gesehen. Ihn wünsche ich noch zu sehen."

Deshalb erließ der König an alle Machthaber, Weisen und Priester den Befehl, ihm Gott zu zeigen. Schwerste Strafen wurden ihnen angedroht, wenn es ihnen nicht gelänge. Der König gewährte eine Frist von drei Tagen. Trauer kam über die Bewohner des königlichen Palastes, und alle warteten auf ihr bevorstehendes Ende. Genau nach drei Tagen um die Mittagszeit ließ der König sie vor sich rufen. Die Münder der Machthaber, der Weisen und Priester aber blieben stumm. In seinem Zorn war der König schon bereit, das Todesurteil auszusprechen. Da kam ein Hirte vom Felde, der von des Königs Befehl gehört hatte, und sagte: „Erlaube mir, König, deinen Wunsch zu erfüllen!"

„Gut", sagte der König, „aber bedenke, es geht um deinen Kopf." Der Hirte führte den König auf einen freien Platz und zeigte ihm die Sonne. „Sieh hin", sagte er. Der König hob seine Augen und wollte die Sonne sehen. Aber der Glanz blendete ihn, und er senkte den Kopf und schloss die Augen.

„Willst du, dass ich erblinde?", sagte er zu dem Hirten. „Aber, König, das ist doch nur ein Ding der Schöpfung, ein schwacher Abglanz der Größe Gottes, ein kleines Fünkchen seines flammenden Feuers. Wie willst du mit deinen schwachen, tränenden Augen Gott sehen? Suche ihn mit anderen Augen!"

Der Einfall gefiel dem König. Er sagte zu dem Hirten: „Ich erkenne deinen Geist und sehe die Größe deiner Seele. Antworte mir nun: Was war vor Gott?" Nach einigem Nachdenken sagte der Hirte: „Nicht so! Fange mit dem an, was vor eins kommt." „Wie kann ich denn? Vor eins gibt es doch gar nichts." „Sehr weise gesprochen, Herr. Auch vor Gott gibt es nichts."

Diese Antwort gefiel dem König noch besser als die vorhergehende. „Ich werde dich reich beschenken; vorher beantworte aber noch die dritte Frage: Was macht Gott?" Der Hirte sah, dass des Königs Herz weich geworden war. „Gut", sagte er, „auch darauf will ich dir antworten. Nur um eines bitte ich dich: Lass uns die Kleider für eine kurze Zeit tauschen."

Und der König legte die Zeichen seiner Königswürde ab, kleidete damit den Hirten, und selbst zog er dessen unscheinbaren Rock an und hängte sich die Hirtentasche um. Und der Hirte setzte sich auf den Thron, nahm das Zepter und zeigte damit auf den an den Stufen des Thrones mit einer Hirtentasche stehenden König. „Siehst du, das macht Gott! Den einen erhebt er auf den Thron, und den anderen lässt er heruntersteigen." Und der Hirte zog wieder seine eigene Kleidung an.

Der König stand in Gedanken versunken. Das letzte Wort des Hirten brannte auf seiner Seele. Aber plötzlich ermahnte er sich, und unter sichtbaren Zeichen der Freude sagte er: „Jetzt sehe ich Gott."

9 MINUTEN

# Die Legende von den Heiligen Drei Königen

JOHANNES VON HILDESHEIM

Als die drei Könige sich jeder in seinem Reiche mit aller Pracht und Kostbarkeit und großem Gefolge für die Reise gerüstet hatten, machten sie sich auf den Weg. Keiner wusste von dem anderen, doch wurde jeder von ihnen auf seinem Wege von dem Stern geführt: Er ging mit ihnen weiter, wenn sie ritten, er stand mit ihnen still, wenn sie anhielten. Bei Nacht leuchtete er nicht wie ein Stern oder wie der Mond: strahlend hell wie die Sonne stand er über ihrem Wege.

Da zu dieser Zeit Friede herrschte auf der ganzen Erde, standen die Stadttore Tag und Nacht offen. Die Bewohner der Städte und Dörfer, die sie durchzogen, erschraken und waren voller Verwunderung: Denn sie sahen Könige mit großem Gefolge – und auf ihrem Wege war es taghell – auch des Nachts!

Niemand wusste, woher sie kamen und wohin sie gingen; am Morgen war der Boden von den Hufen unzähliger Tiere zerstampft. Von solchem Geschehen sprach man lange Zeit.

Die drei ruhmreichen Könige kamen bald in andere Länder und fremde Gegenden. Jeder machte seinen Weg über Flüsse, Wüsten und Berge, durch Ebenen, Täler und schreckliche Sümpfe ohne irgendwelche Hindernisse. Alle schwierigen und steilen Wege wurden leicht und eben. Sie ruhten weder Tag noch Nacht, sie brauchten weder Speise noch Trank; ohne zu essen und zu schlafen, kamen sie bis nach Bethlehem; es schien ihnen nur ein Tag zu sein. So gelangten sie unter Gottes und des Sternes Führung am dreizehnten Tag nach der Geburt des Herrn bei Sonnenaufgang vor Jerusalem an.

Die ruhmvollen Könige näherten sich mit ihrem Gefolge, jeder auf seinem besonderen Wege, der Stadt Jerusalem bis auf zwei Meilen. Da plötzlich bedeckte dichter Nebel und undurchdringliche Finsternis das ganze Land. Und sie verloren den Stern. Isaias hatte prophezeit: „Auf, werde Licht, Jerusalem, denn dein Licht will kommen, die Herrlichkeit des Herrn erstrahlt dir. Denn Finsternis bedecket die Erde und Wolkendunkel die Nationen." Zuerst kam König Melchior mit seinem Gefolge vor Jerusalem auf dem Kalvarienberge an, auf dem später der Herr gekreuzigt wurde. Auf Gottes Wink lagerte er hier in Nebel und Dunkelheit. Der Kalvarienberg ist ein hoher Fels, fast zwölf Stufen hoch; hier wurden damals die Verbrecher hingerichtet. In der Nähe liefen drei Straßen zusammen; dort blieb Melchior, weil er im Nebel den rechten Weg nicht wusste. Bald darauf kam Balthasar, der König von Godolien und Saba, mit seinem Gefolge und lagerte neben dem Ölberg bei einem kleinen Dorf, das Galiläa heißt.

Als die beiden Könige Melchior und Balthasar hier rasteten, hob sich der Nebel ein wenig, aber der Stern schien nicht. Beide – doch ohne einander zu sehen – zogen etwas weiter, und als sie an die Wegkreuzung gelangten, da gerade kam Caspar, der König von Tharsis und der Insel Egrisoulla, mit seinem Gefolge herauf. An dieser Kreuzung dreier Straßen trafen sich die Könige. Nie zuvor hatten sie sich gesehen, und sie kannten einander nicht. Jetzt aber umarmten und küssten sie sich voller Freude. Obwohl sie verschiedene Sprachen redeten, verstanden sie sich. Jeder erzählte den Anlass zu seiner Reise, und als sie hörten, dass sie alle drei dasselbe Ziel hatten, wurden sie noch viel froher und freudiger. In diesem Augenblick zerteilte sich der Nebel völlig, die Sonne ging auf, und die Könige zogen ein in Jerusalem. Sie erfuhren, es sei die Königsstadt, die ihre Vorfahren oft erobert hatten; sie hofften, den neugeborenen König hier zu finden. Vor solch einem riesigen, wohlgerüsteten und unerwarteten Zuge erschraken Herodes und die ganze Stadt, denn das gesamte Gefolge war nun so groß, dass die Mauern die große Menschenmenge nicht fassen konnten; der größte Teil musste daher außerhalb bleiben und lag wie ein Belagerungsheer rings um die Stadt.

Als die drei Könige nun in Jerusalem einzogen, fragten sie alle Leute nach dem neugeborenen König der Juden. Sie fragten: „Wo ist der neugeborene König der Juden? Wir haben seinen Stern aufleuchten sehen und sind gekommen, um ihm zu huldigen."

Als der König Herodes dies hörte, geriet er in Erregung, und ganz Jerusalem mit ihm. Er ließ alle Oberpriester und Schriftgelehrten des Volkes zusammenkommen und fragte sie aus, wo der Christus geboren werden solle. Sie gaben ihm zur Antwort: „Zu Bethlehem in Judäa. Denn also steht beim Propheten geschrieben: ‚Und du, Bethlehem im Lande Juda, bist keineswegs die geringste unter den Fürstenstädten Judas; denn aus dir wird der Fürst hervorgehen, der mein Volk Israel regieren soll'" (Micha 5,1).

Die Könige erfuhren von den Schriftgelehrten, wo Jesus geboren war, und verließen darauf Jerusalem. Und plötzlich sahen sie den Stern wieder. Er ging vor ihnen her bis nach Bethlehem, das zwei kleine Meilen von Jerusalem entfernt liegt. Ihr Weg führte an den Weiden vorbei, wo der Engel den Hirten die Geburt des Herrn verkündet hatte. Als die Hirten die Könige und den Stern erblickten, liefen sie eilig herbei und erzählten, dass ihnen in solch strahlendem Himmelslicht ein Engel erschienen sei und ihnen die Geburt des Herrn verkündet habe. Auch berichteten sie alles, was sie in Bethlehem gehört und gesehen hatten. Das vernahmen die Könige in froher Bewegung! Sie freuten sich über die Worte und Beteuerungen der Hirten, sie hatten ja auch eine Stimme aus dem Stern gehört und hegten keinerlei Zweifel.

Die drei Könige beschenkten die Hirten reichlich, dann verabschiedeten sie sich und ritten weiter. Kurz vor Bethlehem saßen sie ab, kleideten sich in ihre königlichen Gewänder und legten ihren schönsten Schmuck an. Wiederum ging der Stern vor ihnen her, und je näher sie Bethlehem kamen, desto heller erstrahlte sein Licht. Sie waren in der ersten Stunde von Jerusalem aufgebrochen, in der sechsten Stunde des gleichen Tages kamen sie nach Bethlehem. Sie ritten durch die Straße, die „Die Bedeckte" hieß, an deren Ende der Stall und die Höhle lagen. Und plötzlich stand der Stern über dem Stalle still. Er senkte sich herab zwischen die verfallenen Wände aus Lehm und Stein und leuchtete dort mit unbeschreiblicher Klarheit. Der alte Stall und die Höhle waren voll strahlenden Lichts. Dann stieg der Stern wieder in die Höhe des Himmels und stand dort unbeweglich. Doch ein wundersamer Glanz verblieb in der Höhle, und „sie traten in das Haus, sahen das Kind mit Maria, seiner Mutter, fielen nieder und huldigten ihm. Dann öffneten sie ihre Truhen und brachten ihm Geschenke dar: Gold, Weihrauch und Myrrhe."

Als die drei Könige den Herrn angebetet und ihm ihre Gaben dargebracht hatten, empfanden sie und ihr Gefolge wieder Müdigkeit, Hunger und Durst, während sie den weiten Weg von den äußersten Grenzen der Erde ohne jede Speise und Trank und ohne Schlaf zurückgelegt hatten. Jetzt schliefen und aßen sie; den ganzen Tag brachten sie in Ruhe in Bethlehem und den benachbarten Orten zu. Überall erzählten sie in Bescheidenheit, warum sie aus so weiter Ferne gekommen waren und wie der Stern sie so wunderbar geführt hatte. Durch solche Erzählungen erstarkte der Glaube der Heiden, die Juden aber ärgerten sich darüber.

Der Evangelist erzählt: Die Könige empfingen im Traum den Befehl, sie sollten nicht wieder zu Herodes zurückkehren. So zogen sie auf einem anderen Weg nach Hause. Nun aber leuchtete ihnen der Stern nicht mehr. Auf dem Rückwege suchten sie bei Nacht Unterkunft, sie hatten Speise und Trank nötig für sich und ihr Gefolge und Futter für ihre Tiere wie andere Reisende auch. Auf drei verschiedenen Wegen, aus drei verschiedenen Ländern waren die Könige gekommen und hatten sich auf wunderbare Weise getroffen. Jetzt kehrten sie auf einem Weg zurück.

# Der unfolgsame Esel

### AGATHA CHRISTIE

Es war einmal ein sehr unfolgsamer kleiner Esel. Er liebte es geradezu, unfolgsam zu sein. Wenn ihm etwas auf den Rücken geladen wurde, dann warf er es ab, und er rannte den Leuten nach und versuchte, sie zu beißen. Sein Herr konnte nichts mit ihm anfangen, und so verkaufte er ihn an einen anderen Herrn, und dieser Herr konnte auch nichts mit ihm anfangen und verkaufte ihn ebenfalls, und schließlich wurde er für ein paar Pfennige einem schrecklichen alten Mann gegeben, der alte, abgearbeitete Esel aufkaufte und sie durch Schinderei und schlimme Behandlung umbrachte. Aber der unfolgsame Esel jagte den alten Mann und biss ihn und rannte dann mit fliegenden Hufen davon. Er wollte sich nicht wieder einfangen lassen, deshalb schloss er sich einer Menschenmenge an, die ihres Weges zog.

„Unter all den vielen Menschen wird niemand wissen, wo ich hingehöre", dachte sich der Esel.

Die Menschen zogen alle nach der Stadt Bethlehem, und als sie dort ankamen, gingen sie in einen großen Khan voller Menschen und Tiere.

Der kleine Esel aber schlüpfte in einen hübschen kleinen Stall, in dem schon ein Ochse und ein Kamel standen. Das Kamel war sehr hochmütig wie alle Kamele, denn die Kamele glauben, nur sie allein wüssten den hundertsten und geheimen Namen Gottes. Das Kamel war zu stolz, um mit dem Esel zu sprechen. Deshalb begann der Esel zu prahlen. Er prahlte furchtbar gerne.

„Ich bin ein ganz außergewöhnlicher Esel", sagte er. „Ich kann sowohl in die Zukunft als auch in die Vergangenheit sehen."

„Wie soll denn das gehen?", brummte der Ochse.

„Na ja, einfach genauso, wie ich vorwärts - und rückwärtslaufen kann. Meine Urur-, siebenunddreißigmal Urgroßmutter war die sprechende Eselin des Propheten Bileam und hat mit eigenen Augen den Engel des Herrn gesehen."

Aber der Ochse kaute ungerührt weiter, und das Kamel blieb weiter hochmütig.

Bald darauf kamen ein Mann und eine Frau herein, und es gab eine Menge Aufregung, aber der Esel fand rasch heraus, dass es da gar nichts zum Aufregen gab außer einer Frau, die ein Kind kriegte, und das passiert schließlich jeden Tag. Und nachdem das Kind geboren war, liefen Hirten herbei und machten ein großes Getue um das Kind – aber Hirten sind eben sehr einfältige Leute.

Aber dann erschienen Männer in reicher Kleidung.

„VIPs", zischte das Kamel.

„Was ist das?", fragte der Esel.

„Hochwichtige Leute, die Geschenke bringen", sagte das Kamel.

Der Esel dachte, die Geschenke seien vielleicht was Gutes zum Essen, und als es dunkel wurde, schnupperte er daran herum. Aber das erste Geschenk war gelb und hart und ohne Geschmack, das zweite brachte den Esel zum Niesen, und als er am dritten leckte, schmeckte es ekelhaft und bitter.

„Was für blödsinnige Geschenke", brummte der Esel enttäuscht. Aber als er so neben der Krippe stand, streckte das Neugeborene seine kleine Hand aus, fasste ein Ohr des Esels und hielt es fest, wie kleine Kinder das tun.

Da passierte etwas ganz Merkwürdiges: Der Esel hatte auf einmal keine Lust mehr, unfolgsam zu sein. Zum ersten Mal in seinem Leben wollte er brav sein. Und er wollte dem Kind ein Geschenk machen, aber er hatte nichts zu verschenken. Das Kind schien sein Ohr zu mögen, aber das Ohr war ja ein Teil von ihm. Da hatte er eine merkwürdige Idee: Vielleicht konnte er sich selbst dem Kind schenken? Kurz darauf kam Joseph mit einem hochgewachsenen Fremdling herein. Der Fremde sprach eindringlich auf Joseph ein, und als der Esel die beiden anstarrte, traute er kaum seinen Augen! Der Fremde schien sich aufzulösen, und an seiner Stelle stand ein Engel des Herrn, eine goldene Gestalt mit Flügeln. Aber gleich darauf verwandelte sich der Engel in einen Mann zurück.

„Du liebe Zeit, ich sehe Gespenster", sagte der Esel zu sich. „Das muss von all dem Heu kommen, das ich gefressen habe."

Joseph sprach mit Maria. „Wir müssen das Kind nehmen und fliehen. Es ist keine Zeit zu verlieren." Sein Blick fiel auf den Esel. „Wir nehmen den Esel hier und lassen das Geld für seinen Besitzer zurück. So gewinnen wir Zeit."

Und so zogen sie auf die Straße, die von Bethlehem wegführte. Aber als sie an eine enge Stelle kamen, versperrte ihnen ein Engel des Herrn mit einem flammenden Schwert den Weg, und der Esel, der ihn als Einziger sah, wandte sich seitwärts und begann den Hügel hinaufzuklettern. Joseph versuchte, ihn auf die Straße zurückzuzerren, aber Maria sagte: „Lass ihn. Denk an den Propheten Bileam." Denn hatte nicht Bileams Eselin ihren Herrn vor dem Verderben errettet, weil sie störrisch ihren eigenen Weg einschlug?

Und gerade als sie im Schutz einiger Olivenbäume angelangt waren, kamen mit gezogenen Schwertern die Soldaten des Königs Herodes die Straße heruntergesprengt.

„Genau wie bei meiner Urgroßmutter", sagte der Esel, äußerst zufrieden mit sich. „Nimmt mich nur wunder, ob ich nun auch in die Zukunft sehen kann."

Er blinzelte mit den Augen – und sah ein verschwommenes Bild: einen Esel, der in eine Grube gefallen war, und einen Mann, der half, ihn herauszuziehen …

„Na, so was, das ist ja mein Herr als erwachsener Mann", sagte der Esel. Dann sah er ein anderes Bild: denselben Mann, der auf einem Esel in eine Stadt ritt … „Natürlich", sagte der Esel. „Er wird zum König gekrönt!"

Aber die Krone schien nicht aus Gold, sondern aus Dornen zu sein. Der Esel liebte zwar Dornen und Disteln, aber für eine Krone erschienen sie ihm doch unpassend. Und dann war da noch etwas auf einem Schwamm, bitter wie die Myrrhe, an der er im Stall geschnuppert hatte …

Und der kleine Esel wusste plötzlich, dass er nicht mehr in die Zukunft sehen wollte. Er wollte nur in den Tag hineinleben, seinen kleinen Herrn lieben und von ihm geliebt werden und ihn und seine Mutter sicher nach Ägypten tragen.

## Der Stern

### WILHELM BUSCH

Hätt' einer auch fast mehr Verstand
als wie die drei Weisen aus Morgenland
und ließe sich dünken, er wäre wohl nie
dem Sternlein nachgereist wie sie;
dennoch, wenn nun das Weihnachtsfest
seine Lichtlein wonniglich scheinen lässt,
fällt auch auf sein verständig Gesicht,
er mag es merken oder nicht,
ein freundlicher Strahl
des Wundersternes von dazumal.

VON DER
Hoffnung

# Der letzte Traum der alten Eiche

HANS CHRISTIAN ANDERSEN

## Ein Weihnachtsmärchen

Auf hohem Abhange, unmittelbar neben dem offenen Meeres-ufer, stand ein wirklich alter Eichenbaum, der gerade dreihun-dertfünfundsechzig Jahre zählte. Aber diese lange Zeit hatte für den Baum nicht mehr zu bedeuten als ebenso viele Tage für uns Men-schen. Wir wachen am Tage, schlafen des Nachts und haben dann unsere Träume, aber mit dem Baume ist es anders, der Baum wacht drei Jahreszei-ten hindurch, erst gegen den Winter versinkt er in Schlaf, der Winter ist sei-ne Schlafenszeit, er ist seine Nacht nach dem langen Tage, der Frühling, Sommer und Herbst heißt.

Manchen warmen Sommertag hatte die Eintagsfliege um seine Krone ge-tanzt, gelebt, geschwebt und sich glücklich gefühlt, und ruhte dann das klei-ne Geschöpf einen Augenblick in stiller Glückseligkeit auf einem der großen frischen Eichenblätter, dann sagte der Baum immer: „Du armes kleines We-sen! Nur einen Augenblick währt dein ganzes Leben! Wie kurz doch! Es ist traurig!"

„Traurig?", antwortete dann immer die Eintagsfliege, „was meinst du damit? Alles ist ja so unvergleichlich licht und klar, so warm und herrlich, und ich bin so froh."

„Aber nur einen Tag, und dann ist alles vorbei!"

„Vorbei?!", sagte die Eintagsfliege. „Was ist vorbei? Bist du auch vorbei?"

„Nein, ich lebe viele Tausende von deinen Tagen, und mein Tag umfasst ganze Jahreszeiten. Das ist etwas so Langes, dass du es gar nicht auszurechnen vermagst!"

„Nein, denn ich verstehe dich nicht! Du hast Tausende von meinen Tagen, aber ich habe Tausende von Augenblicken, um darin froh und glücklich zu sein! Hört alle Herrlichkeit dieser Welt auf, wenn du stirbst?"

„Nein", sagte der Baum, „sie besteht sicher länger, unendlich länger, als ich es denken kann!"

„Aber dann haben wir ja gleich viel Lebenszeiten, nur dass wir verschieden rechnen."

Und die Eintagsfliege tanzte und schwang sich in die Luft empor, freute sich ihrer feinen künstlichen Flügel, freute sich des Flors und Samts derselben, freute sich in der warmen Luft, die mit dem Dufte aus den Kleefeldern und von den wilden Rosen, Flieder und Kaprifolien, um gar nicht von dem süßen Geruche des Waldmeisters und der wilden Krauseminze zu reden, durchwürzt war. Der Duft war so stark, dass die Eintagsfliege glaubte, davon einen kleinen Rausch bekommen zu haben. Der Tag war lang und herrlich, voller Freude und süßen Gefühls, und sobald die Sonne sank, fühlte sich die kleine Fliege plötzlich so behaglich müde von all der Lust und Glückseligkeit. Die Flügel wollten sie nicht länger tragen und ganz leise glitt sie auf den weichen schaukelnden Grashalm hinab, nickte mit dem Kopfe, wie nur sie nicken kann, und schlief dann fröhlich ein. Das war ihr Tod.

„Arme kleine Eintagsfliege!", sagte der Eichbaum. „Es war doch ein allzu kurzes Leben!"

Und jeden Tag wiederholte sich derselbe Tanz, dasselbe Gespräch, dieselbe Antwort und das gleiche Hinüberschlummern; es wiederholte sich in allen Geschlechtern der Eintagsfliegen, und alle waren sie gleich glücklich, gleich froh. Der Eichbaum durchwachte seinen Frühlingsmorgen, Sommermittag, Herbstabend, jetzt aber nahte seine Schlafzeit, seine Nacht. Der Winter rückte heran.

Schon sangen die Stürme: „Gute Nacht, gute Nacht! Hier fiel ein Blatt, da fiel ein Blatt! Wir pflücken, wir pflücken! Sieh zu, dass du schlafen kannst!

Wir singen dich in Schlaf, wir schütteln dich in Schlaf; aber nicht wahr, das tut den alten Zweigen gut? Sie krachen dabei aus lauter Vergnügen! Schlafe süß! Es ist deine dreihundertfünfundsechzigste Nacht; eigentlich bist du nur ein Jahreskind! Schlafe süß! Die Schneewolke wird dich weich betten, sie breitet ein ganzes Laken, eine weiche Bettdecke um deine Füße! Schlaf in süßer Ruh, und habe angenehme Träume!"

Alles Laubes entkleidet stand der Eichbaum da, um den ganzen Winter der Ruhe zu pflegen und sich während desselben von manch schönem Traume umgaukeln zu lassen. Aber wie die Träume der Menschen führten ihm auch die seinigen immer nur etwas Erlebtes vor. Er war auch einmal klein gewesen, ja, eine Eichel war seine Wiege gewesen; nach menschlicher Rechnung stand er jetzt schon in seinem vierten Jahrhundert. Er war der größte und schönste Baum im Walde, mit seiner Krone ragte er hoch über allen anderen Bäumen hervor und wurde von der See aus schon in weiter Ferne erblickt, er diente den Schiffen als Wahrzeichen. Er dachte gar nicht daran, wie viele Augen ihn suchten. Hoch oben in seiner grünen Krone bauten die wilden Tauben und rief der Kuckuck seinen Namen, und im Herbste, wenn die Blätter wie gehämmerte Kupferplatten aussahen, erschienen die Zugvögel und rasteten in ihr, ehe sie über das Meer flogen. Aber jetzt war Winter, blätterlos stand der Baum da, und man konnte recht deutlich sehen, in welchen Bogen und Krümmungen sich seine Zweige ausdehnten. Krähen und Dohlen kamen und ließen sich scharenweise auf ihm nieder und plauderten von den strengen Zeiten, die jetzt begannen, und wie schwer es wäre, im Winter sein Futter zu finden.

Es war gerade die heilige Weihnachtszeit, als der Baum seinen schönsten Traum träumte; den wollen wir hören. Der Baum empfand ganz deutlich, dass es eine festliche Zeit war; er glaubte ringsumher alle Kirchenglocken läuten zu hören, und dabei war es ihm wie an einem herrlichen Sonntage zumute, mild und warm. Frisch und grün breitete er seine mächtige Krone aus, die Sonnenstrahlen spielten zwischen seinen Blättern und Zweigen, die Luft war mit dem Duft von Kräutern und Büschen erfüllt; bunte Schmetterlinge spielten Haschen miteinander, und die Eintagsfliegen tanzten, als ob alles nur dazu da wäre, dass sie tanzen und sich freuen sollten.

Alles, was der Baum Jahre hindurch erlebt und um sich gesehen hatte, zog wie in einem Festzuge an ihm vorüber. Er sah aus alter Zeit, wie Ritter und Frauen zu Pferde, mit Federn auf dem Hute und mit Falken auf der Hand, durch den Wald ritten. Das Jagdhorn tönte, und die Hunde schlugen an. Er sah feindliche Soldaten mit blanken Waffen und in bunten Uniformen, mit Spießen und Hellebarden ihre Zelte aufschlagen und wieder abbrechen; Wachfeuer loderten, und unter des Baumes weit ausgebreiteten Zweigen wurde gesungen und geschlafen. Er sah, wie sich Liebespärchen hier im Mondschein trafen und ihre Namen, den ersten Buchstaben, in die graugrüne Rinde einschnitten. Zither und Äolsharfe waren einmal, ja da lagen Jahre dazwischen, von munteren reisenden jungen Männern in die Zweige der Eiche gehängt worden; nun hingen sie wieder da, nun klangen sie wieder so lieblich. Die wilden Tauben gurrten, als ob sie erzählen wollten, was der Baum dabei fühlte, und der Kuckuck rief seinen Namen, wie viel Sommertage derselbe noch leben sollte.

Da war es, als ob ihn ein neuer Lebensstrom von den kleinsten Wurzelfasern bis hinauf zu den höchsten Zweigen, ja bis in die Blätter hinaus, durchrieselte. Der Baum fühlte, dass ihm derselbe Kraft verlieh, sich auszudehnen, er empfand mit den Wurzeln, dass auch unten in der Erde Leben und Wärme war; er fühlte seine Stärke zunehmen, er wuchs höher und höher. Der Stamm schoss empor, da war kein Stillstand, er wuchs mehr und immer mehr, die Krone wurde voller, breitete sich aus, richtete sich in die Höhe – und je mit dem Wachstum des Baumes wuchs auch sein Wohlbefinden, seine ihn mit unaussprechlichem Glücke erfüllende Sehnsucht, immer höhere Ziele zu erreichen, aufzuschießen bis zu der glänzenden warmen Sonne.

Schon war er bis hoch über die Wolken gewachsen, wo dunkle Scharen von Zugvögeln oder große weiße Züge von Schwänen unter ihm hinzogen. Und je-

des von den Blättern des Baumes konnte sehen, als ob es ein besonderes Auge hätte, alles mitanzuschauen. Die Sterne wurden am Tage sichtbar, so groß und blitzend waren sie; jeder von ihnen leuchtete wie ein paar Augen, so mild und so klar. Sie erinnerten an bekannte liebe Augen, an Kinderaugen, an die Augen der Liebespaare, wenn sie unter dem Baume zusammentrafen.

Es war ein unendlich beglückender Augenblick, so freudevoll, und doch, in all der Wonne empfand er eine Sehnsucht danach, dass alle anderen Bäume des Waldes dort unten, alle Büsche, Kräuter und Blumen sich mit ihm erheben könnten, um auch diesen Glanz und diese Freude zu empfinden. Der mächtige Eichbaum war in dem Traume von all dieser Herrlichkeit doch nicht vollkommen glücklich, wenn er sein Glück nicht mit allen, Groß und Klein, teilen konnte, und dies Gefühl durchbebte die Zweige und Blätter ebenso innig und stark, wie es in einer Menschenbrust zittern kann.

Die Krone des Baumes bewegte sich, als ob er etwas suchte und vermisste, er schaute zurück, und da drang der Duft des Waldmeisters und bald noch stärker der Kaprifolien und der Veilchen zu ihm empor. Er glaubte vernehmen zu können, dass der Kuckuck ihm antwortete.

Ja, durch die Wolken guckten die grünen Waldesgipfel hervor, er sah die anderen Bäume unter sich wachsen und sich gleich ihm erheben. Büsche und Kräuter wuchsen hoch in die Luft, einzelne rissen sich mit den Wurzeln los und flogen schneller. Die Birke langte am ehesten an; wie ein weißer Blitzstrahl schlängelte sich ihr schlanker Stamm aufwärts, ihre Zweige wallten wie grüner Flor und Fahnen. Die ganze Waldnatur, selbst das braun befiederte Rohr, wuchs mit, und die Vögel folgten nach und sangen, und auf dem Halme, der wie ein langes grünes Seidenband lose flatterte und flog, saß die Heuschrecke und spielte mit dem Flügel auf ihrem Schienbeine. Die Maikäfer brummten, und die Bienen summten, jeder Vogel sang, wie ihm der Schnabel gewachsen war, alles war Gesang und Freude gerade wie im Himmel.

„Aber die kleine rote Blume am Wasser, die sollte auch mit!", sagte die Eiche. „Und die blaue Glockenblume und das kleine Gänseblümchen!" – Ja, die Eiche wollte, dass sie sämtlich teilnehmen sollten.

„Wir sind auch dabei, wir sind auch dabei!", sang und klang es.

„Aber der schöne Waldmeister vom vorigen Sommer – und das Jahr vorher war ein wahrer Flor von Maiblümchen – und der wilde Apfelbaum, wie stand er doch so herrlich! – und all die Waldespracht seit Jahren, seit vielen Jahren – wäre sie doch bis jetzt am Leben geblieben, dann hätte sie auch können mit dabei sein!"

„Wir sind mit dabei! Wir sind mit dabei!", sang und klang es noch höher oben, es schien, als ob sie vorausgeflogen wären. „Nein, das ist zu unglaublich schön!", jubelte die alte Eiche. „Ich habe sie alle, klein und groß, nicht eines ist vergessen! Wie ist doch all diese Glückseligkeit nur möglich und denkbar!"

„In Gottes Himmel ist es möglich und denkbar!", klang es. Und der Baum, der immer wuchs, fühlte, dass sich seine Wurzeln aus der Erde lösten. „Das ist nun das Allerbeste!", sagte der Baum. „Nun hält mich kein Band mehr! Ich kann mich zu dem Allerhöchsten in seinem Licht und Glanz emporschwingen! Und alle Lieben habe ich bei mir, klein und groß, alle bei mir!"

„Alle!"

Das war der Traum des Eichbaums, und während er träumte, blies ein Sturm über Meer und Land in der heiligen Weihnacht. Die See wälzte schwere Wogen gegen den Strand, der Baum krachte, brach und wurde mit der Wurzel ausgerissen, gerade während er träumte, dass sich seine Wurzeln lösten. Er fiel. Seine dreihundertfünfundsechzig Jahre waren nun auch nichts anderes als der Tag einer Eintagsfliege.

Am Weihnachtsmorgen, als die Sonne wieder zum Vorschein kam, hatte sich der Sturm gelegt. Alle Kirchenglocken läuteten festlich, und aus jedem Schornstein, selbst aus dem kleinsten auf dem Dache des Büdners, erhob sich in bläulicher Wolke der Rauch wie vom Altare beim Feste der Druiden, ein Opferrauch des Dankes. Die See wurde ruhiger und ruhiger, und auf einem großen Schiffe draußen auf dem Meere, das während der Nacht das harte Wetter wohl überstanden hatte, wurden jetzt alle Flaggen zur festlichen Weihnachtsfeier aufgehisst.

„Der Baum ist fort! Der alte Eichbaum, unser Wahrzeichen auf dem Lande!", sagten die Seeleute. „Er ist gefallen in dieser Sturmnacht! Wer wird ihn uns ersetzen können! Das kann niemand!"

Eine solche Leichenrede, kurz, aber wohlgemeint, erhielt der Baum, der auf der Schneedecke am Ufer ausgestreckt lag. Und hin über ihn erklang ein feierlicher Choral vom Schiffe, ein Lied von der Weihnachtsfreude und der Erlösung der Menschenseele in Christo und vom ewigen Leben:

„Jauchzet, ihr Himmel,
Frohlocket, ihr Enden der Erden!
Gott und der Sünder,
Die sollen zu Freunden nun werden!
Friede und Freud'
Wird uns verkündiget heut,
Freuet euch, Hirten und Herden!"

So lautete das alte Liede, und jeder draußen auf dem Schiffe fühlte sich durch dasselbe und durch das Gebet in seiner Weise so erhoben, wie sich der alte Baum in seinem letzten, seinem schönsten Traume erhoben fühlte.

28 MINUTEN

# Wo Liebe ist, da ist Gott

LEO TOLSTOI

In einem einfenstrigen Stübchen im Erdgeschoss wohnte der Schuster Martyn Awdejewitsch; das Fenster ging auf die Straße. Durch das Fenster konnte man sehen, wie die Leute vorübergingen. Obgleich nur die Füße zu sehen waren, erkannte Martyn Awdejewitsch die Menschen an den Stiefeln. Seit langer Zeit lebte er hier und hatte eine große Bekanntschaft, es gab nur wenige Stiefel in der Nachbarschaft, die nicht ein- oder zweimal in seinen Händen gewesen wären. Oft sah er aufwärts bei seiner Arbeit durch das Fenster. Er hatte viel zu tun, denn seine Arbeit war dauerhaft, er nahm gutes Material, sein Preis war mäßig, und er hielt Wort: Vermag er den bestimmten Termin nicht einzuhalten, so sagt er's im Voraus. Ein guter Mensch war er stets gewesen; wie er älter wurde, begann er mehr als früher an seine Seele zu denken und sich Gott zu nähern. Als er noch bei einem Meister arbeitete, war seine Frau gestorben. Sie hatte ihm ein Kind hinterlassen, einen Knaben von drei Jahren; die älteren Kinder waren früher gestorben. Martyn wollte das Söhnchen in das Dorf zu seiner Schwester schicken, er dachte aber: Meinem Kapitoscha wird es schwerfallen, in fremder Familie aufzuwachsen, ich lasse ihn bei mir. Und Awdejewitsch ging von dem Meister fort und wohnte mit dem Söhnlein zur Miete. Gott aber gab Awdejewitsch in seinen Kindern kein Glück.

Als der Knabe heranwuchs und dem Vater zu helfen begann, dass es eine wahre Freude war, befiel ihn eine Krankheit — er fieberte ein Wöchelchen und

dann starb er. Martyn begrub den Sohn und fiel in Verzweiflung. Und so wild war seine Verzweiflung, dass er auf Gott murrte; so eine Wehmut kam über ihn, dass er immer und immer wieder Gott um den Tod bat; dass er Gott vorwarf, statt des einzigen geliebten Sohnes nicht ihn, den alten Mann, zu sich genommen zu haben. Er ging sogar nicht mehr in die Kirche.

Einst sprach bei Awdejewitsch ein Landsmann vor, ein alter Mann, der schon das achte Jahrzehnt pilgerte und eben vom Trotzkij-Kloster kam. Im Laufe des Gespräches klagte Awdejewitsch seinen Kummer. „Die Lust zum Leben ist mir sogar vergangen, nur um eins bitte ich Gott – zu sterben. Ich bin ein nutzloser Mensch."

Der Landsmann entgegnete: „Du sprichst nicht gut, Martyn. Gottes Tun zu beurteilen, geziemt uns nicht. Nicht Menschenverstand, es gebeut Gottes Wille allzeit. Gott hat beschlossen, dein Sohn solle sterben, dich aber ließ er am Leben – also ist es besser so. Und wenn du verzweifelst, so ist es deshalb, dass du leben willst zu deiner Freude."

„Wozu leben?", seufzte Martyn.

Der Alte sagte: „Für Gott, Martyn, muss man leben. Er gibt dir das Leben, für ihn muss man auch leben. Wenn du für ihn lebst, wirst du über nichts trauern, und alles erscheint dir leicht."

Nach kurzem Schweigen ließ sich Martyn vernehmen: „Aber wie lebt man für Gott?"

„Christus hat es uns gezeigt. Kannst du lesen, so kaufe dir das Evangelium und lies: Du wirst erkennen, wie man für Gott lebt."

Diese Worte fielen in das Herz Awdejewitschs. Noch am selben Tage kaufte er das Neue Testament mit großer Schrift und begann zu lesen.

Er wollte nur an Feiertagen lesen; aber das heilige Buch gab ihm solchen Frieden, dass er jeden Abend las. Manchmal vertiefte er sich so, dass er sich nicht losreißen konnte, wenn auch die Lampe schon im Verlöschen war. Und je mehr er las, je klarer wurde es ihm, was Gott von ihm wolle und wie man für Gott leben müsse; und er fühlte sich leichter und leichter auf dem Herzen. Vordem, wenn er sich niederlegte, stöhnte er und gedachte Kapitoschas; jetzt

aber sagte er: Dir sei Preis, Herr, dein Wille geschehe. Seit dieser Zeit war das ganze Leben Awdejewitschs verändert. An Feiertagen kehrte er früher manchmal im Kruge ein, trank Tee, ab und zu nahm er auch ein Schnäpschen. Mit einem Bekannten trank er zusammen – war auch nicht gerade betrunken, so trat er doch stets aus dem Kruge mit einem leichten Rausch und sprach nichtige Worte: fand alles zu tadeln und beurteilte lieblos seinen Nächsten. Jetzt aber war eine Wandlung vor sich gegangen. Er führte ein ruhiges und freudiges Leben. Morgens ging er an die Arbeit und schaffte rüstig den Tag über. Dann nimmt er die Lampe vom Haken, stellt sie auf den Tisch, holt vom Regal das Buch, schlägt es auf und setzt sich nieder zum Lesen. Je mehr er liest, je mehr begreift er; klarer, heiterer wird es ihm auf der Seele.

Wieder einmal hatte sich Martyn bis spät in die Nacht in sein Lesen vertieft. Er las im Evangelium des Lukas das sechste Kapitel und kam an die Verse: Und wer dich schlägt auf einen Backen, dem biete den andern auch dar; und wer dir den Mantel nimmt, dem wehre nicht auch den Rock. – Wer dich bittet, dem gib; – und wer dir das Deine nimmt, da fordere es nicht wieder. – Und wie ihr wollt, dass euch die Leute tun sollen, also tut ihnen gleich auch ihr. Weiter las er die Verse, wo der Herr spricht: Was heißet ihr mich aber Herr, Herr, und tut nicht, was ich euch sage? – Wer zu mir kommt und höret meine Rede und tut sie, den will ich euch zeigen, wem er gleich ist. – Er ist gleich einem Menschen, der ein Haus bauete, und grub tief und legte den Grund auf den Fels. Da aber Gewässer kam, da riss der Strom zum Hause zu und mochte es nicht bewegen; denn es war auf den Fels gegründet. Wer aber höret und nicht tut, der ist gleich einem Menschen, der ein Haus bauete auf die Erde ohne Grund; und der Strom riss zu ihm zu, und es fiel bald, und das Haus gewann einen großen Riss.

Awdejewitsch las diese Worte und es wurde ihm so heiter auf der Seele. Er nahm die Brille ab, legte sie auf das Buch, lehnte sich an den Tisch und wurde nachdenklich. Und er begann sein Leben diesen Worten anzupassen.

Ist mein Haus auf Stein oder auf Sand gebaut?, denkt er bei sich. Gut, wenn es auf Stein ruht – und es lässt sich so leicht an, wenn man allein ist, dann scheint es, als ob man alles verrichtet habe, wie Gott befohlen. Zerstreut man sich aber, so sündigt man von Neuem. Ich will streben, des Höchsten Willen zu tun. Es ist zu schön. Gott helfe mir! Mit diesen Gedanken wollte er sich niederlegen, aber es tat ihm leid, sich von dem Buche loszureißen, und er begann das siebente Kapitel zu lesen. Er las von des Hauptmanns Knecht, dem Jüngling zu Nain, er las die Antwort, welche Jesus den Jüngern Johannes des Täufers gab, er las die Stelle, wo der reiche Pharisäer den Herrn bat, dass er mit ihm aß, wie er die Sünderin rechtfertigte, die seine Füße salbte und mit Tränen benetzte – und er kam bis zum vierundzwanzigsten Vers und las: Und er wandte sich zu dem Weibe und sprach zu Simon: Siehest du dies Weib? Ich bin kommen in dein Haus: Du hast mir nicht Wasser gegeben zu meinen Füßen; diese aber hat meine Füße mit Tränen genetzet und mit den Haaren ihres Hauptes getrocknet. – Du hast mir keinen Kuss gegeben; diese aber, nachdem sie hereinkommen ist, hat sie nicht abgelassen, meine Füße zu küssen. – Du hast mein Haupt nicht mit Öl gesalbet; sie aber hat meine Füße mit Salben gesalbet.

Er las diese Verse und dachte: Die Füße hat er nicht mit Wasser benetzt, keinen Kuss hat er gegeben, das Haupt nicht gesalbt ...

Wieder nahm er die Brille ab, legte sie auf das Buch und vertiefte sich in seine Gedanken.

Der Pharisäer war, wie ich vermute, wohl ein ebensolcher wie ich – daran denke ich: dass ich meinen Tee habe, dass ich gewärmt bin, dass ich mich pflege; aber auf meinen Nächsten achte ich nicht. Mich vergesse ich nicht, aber für den Gast treffe ich keine Sorge. Und wer ist der Gast? Der Herr selber. Kehrte er bei mir ein – würde ich so handeln? Er stützte seinen Kopf auf beide Hände und bemerkte nicht, dass er einduselte.

„Martyn!", hörte er plötzlich leise neben sich rufen.

Schlaftrunken reckte sich Martyn und fragte: „Wer da?" Er blickte sich um, sah auf die Tür – niemand war da. Wieder duselte er ein. Deutlich vernahm er die Worte: „Martyn, Martyn! Blicke morgen auf die Straße, ich werde kommen."

Martyn erwachte, stand vom Stuhl auf und rieb sich die Augen. Er wusste nicht: Hatte er diese Worte im Traum oder in Wirklichkeit gehört? Nachdem er die Lampe ausgelöscht hatte, legte er sich schlafen.

Früh am Morgen erhob sich Awdejewitsch, betete, heizte an, schob Kohlsuppe und Grütze in den Ofen, stellte die Teemaschine auf, band seine Schürze vor und setzte sich an das Fenster zum Arbeiten. Bei der Arbeit denkt er an das, was er am Abend durchlebte. Hörte er die Stimme im Traum oder erklang sie ihm in Wirklichkeit?

Er blickt mehr durch das Fenster, als dass er arbeitet. Kommt jemand vorüber in unbekannten Stiefeln, so biegt er sich weit vor, um nicht die Füße allein, sondern auch das Gesicht zu sehen. In neuen Filzstiefeln ging der Hausknecht vorüber, dann kam der Wasserträger, und bald stellte sich der alte Nicolajewsche Soldat in ganz alten geflickten Filzstiefeln, eine Schaufel in den Händen, vor das Fenster. An den Filzstiefeln erkannte ihn Awdejewitsch. Den Alten nannte man Stepanitsch. Er aß bei einem Kaufmann das Gnadenbrot und musste dem Hausknecht Hilfe leisten. Stepanitsch fing an, vor dem Fenster Schnee zu schaufeln. Awdejewitsch sah ihm zu, dann nahm er wieder seine Arbeit vor.

Ganz närrisch bin ich auf meine alten Tage geworden, lachte Awdejewitsch sich selbst aus. Stepanitsch schaufelt Schnee und ich denke, Christus kommt zu mir. Ich bin wahrhaftig ein närrischer alter Kauz. Nachdem er an zehn Stiche gemacht, drängt es ihn, wieder durch das Fenster zu blicken: Stepanitsch hatte die Schaufel an die Wand gelehnt – er wärmt seine Hände oder ruht sich aus.

Ein alter, gebrochener Mann, er scheint nicht mehr die Kraft zum Schaufeln zu haben. Awdejewitsch dachte: Soll ich ihm nicht Tee geben? Die Teemaschine fängt schon an überzulaufen. Er steckte die Ahle ein, erhob sich, stellte die Teemaschine auf den Tisch, machte Tee und klopfte an das Glas. Stepanitsch sah sich um und näherte sich dem Fenster. Awdejewitsch winkte ihn zu sich und ging, die Tür aufzumachen.

„Komm herein, wärme dich – dir ist wohl sehr kalt?", fragte er.

„Christus stehe uns bei! Die Knochen schmerzen", entgegnete Stepanitsch.

Er trat ein, schüttelte sich den Schnee ab und wischte sich die Füße; sein Gang war unsicher.

„Mühe dich nicht ab, deine Füße zu reinigen", rief ihm Awdejewitsch entgegen, „setze dich, trinke Tee."

Awdejewitsch goss zwei Gläser ein, schob das eine dem Gast zu, von seinem Tee goss er auf die Untertasse und begann zu blasen. Stepanitsch trank sein Glas leer, stellte es hin, mit dem Boden nach oben, legte das Stück Zucker, das er beim Trinken benagt hatte, auf den Tisch und dankte. Wie indes zu bemerken war, hätte er gern noch ein Glas gehabt. „Trinke", forderte Awdejewitsch den Stepanitsch auf und goss sich und dem Gaste ein. Awdejewitsch trank seinen Tee und blickte dabei auf die Straße. „Du erwartest jemand?", erkundigte sich der Gast.

„Ob ich jemand erwarte? Ich muss mich schämen, zu sagen, wen ich erwarte. Ich warte auf etwas, und ich warte auch nicht, aber ein Wort ist mir in die Seele gefallen, ich hatte eine Erscheinung, ach ich weiß selber nicht. Siehst du, Brüderchen, gestern habe ich das Evangelium vom Herrn Christus gelesen, wie er auf Erden ging. Du hast's doch wohl gehört?"

„Gehört wohl. Aber wir sind dunkle Leute, können nicht lesen."

„Nun, ich habe eben gelesen, wie er auf Erden ging ..., wie er zu dem Pharisäer kam, weißt du, und der empfängt ihn ohne Feier. Und ich denke, während ich lese, dass er den Herrn Christus nicht mit aller Ehre empfangen habe: Geschähe es mir, denke ich, ich wüsste gar nicht, was alles ich tun sollte, um ihn zu empfangen. Ich dachte darüber nach und duselte ein. Und wie ich duselte, höre ich mich beim Namen rufen; ich erhebe mich und es ist mir, als höre ich flüsternde Worte: Warte, ich komme morgen. Und so geschah es zweimal. Ich muss mich selber auslachen – aber dennoch erwarte ich den Herrn."

Stepanitsch sagte nichts, trank seinen Tee aus und legte das Glas hin, Awdejewitsch aber stellte es wieder aufrecht und goss ein.

„Trinke zur Gesundheit. Ich meine, dass unser Herr, als er auf Erden wandelte, keinen verachtete und zumeist mit einfachem Volk umging. Aus unsereinem nahm er am liebsten seine Jünger, aus Arbeitsleuten, aus solchen, wie wir sind. Wer sich erhebt, sagte er, der soll erniedrigt werden, und wer sich erniedrigt, der soll erhöht werden. Ihr, so redete er, nennt mich den Herrn, und ich werde euch die Füße waschen. Wer der Erste sein will, soll allen ein Diener sein. Selig sind die Armen, die Demütigen, die Sanftmütigen, die Milden."

Stepanitsch dachte nicht an sein Glas, er war ein alter weichgestimmter Mensch. Er sitzt, hört zu, und über sein Gesicht fließen Tränen.

„Trinke noch", sagte Awdejewitsch, aber Stepanitsch bekreuzte sich, dankte, schob sein Glas fort und stand auf.

„Ich danke dir, Martyn Awdejewitsch, du tatest mir wohl, hast Seele und Körper gesättigt."

„Kehre ein andermal wieder bei mir ein, Stepanitsch."

Stepanitsch ging fort. Martyn goss sich den letzten Tee ein, trank aus, räumte das Geschirr auf und machte sich daran, einen vertragenen Schuh zurechtzuflicken. Während der Arbeit blickte er durch das Fenster – er wartet auf Christus, denkt immer an ihn, an seine Reden und Taten.

Zwei Soldaten gingen vorüber, einer in Regimentsstiefeln, der andere in seinen eigenen; dann kam, in sauber geputzten Galoschen, der Wirt des Nachbarhauses; ein Bäcker mit einem Korbe folgte. Bald kam ein Weib in wollenen Strümpfen und Dorfschuhen. Sie blieb am Fensterpfeiler stehen. Awdejewitsch blickte auf; er sieht ein fremdes Weib, schlecht gekleidet, ein Kind auf dem Arm; es stellt sich an die Wand, mit dem Rücken gegen den Wind, und wickelt das Kind ein – und hat doch nichts zum Einwickeln. Durch das Fenster hört Awdejewitsch das Kind schreien; sie will es beruhigen und kann es gar nicht beruhigen.

Awdejewitsch ging zur Tür und rief von der Treppe aus: „Gute Frau, gute Frau!"

Das Weib sah sich um. „Was stehst du da mit dem Kindchen in der Kälte? Komm in die Stube, in der Wärme wirst du es besser einwickeln können. Da – hierher." Verwundert sah ihn das Weib an – ein alter Mann mit einer Schürze und einer Brille auf der Nase ruft sie zu sich. Sie folgte ihm in die Stube, und der Alte führte sie zum Bett.

„Hierher setze dich, gute Frau, näher zum Ofen; erwärme dich und stille das Kind."

„Hab keine Milch in der Brust, seit dem Morgen habe ich nichts gegessen", sagte das Weib, legte aber dennoch das Kind an die Brust.

Bedauernd schüttelte Awdejewitsch den Kopf, ging zum Tisch, holte Brot und einen Napf, öffnete die Ofentür, goss in den Napf Kohlsuppe und nahm auch den Topf mit der Grütze heraus; da dieselbe aber noch nicht gar war, goss er nur Suppe ein und stellte sie auf den Tisch. Auch nahm er vom Haken das Handtuch und breitete es aus.

„Setz dich", sagte er, „und iss, gute Frau. Mit dem Kinde werde ich inzwischen sitzen. Ich habe eigene Kinder gehabt und verstehe sie zu warten."

Das Weib bekreuzte sich, setzte sich an den Tisch und begann zu essen. Awdejewitsch setzte sich auf das Bett zu dem Kinde. Er schmatzt und schmatzt – aber es schmatzt sich schlecht, denn er hat keine Zähne. Das Kind hörte nicht auf zu schreien. Da dachte sich Awdejewitsch aus, den Schreihals mit dem Finger zu beruhigen – er führt einen Finger gerade zu dessen Munde und wieder zurück; aber in den Mund gibt er ihm den Finger nicht, denn derselbe ist von Pech ganz schwarz. Und das Kind betrachtete den Finger, beruhigte sich und fing sogar an zu lachen. Awdejewitsch freute sich darüber. Und das Weib isst und erzählt, wer sie ist und wohin sie gegangen war.

„Ich bin eine Soldatenfrau", sagte sie, „vor acht Monaten hat man meinen Mann fortgebracht, weit von hier, und seit dieser Zeit erhielt ich kein

Lebenszeichen von ihm. Während ich einen Dienst als Köchin hatte, kam ich nieder. Mit dem Kinde wollte man mich nicht behalten. Schon den dritten Monat schlage ich mich ohne Stelle durch, habe alles fortbringen müssen, was ich hatte. Ich wollte als Amme dienen, aber man nimmt mich nicht – ich sei zu mager, sagt man. Eben war ich zu einer Kaufmannsfrau gegangen; bei der dient ein Weib aus unserem Dorfe; man hatte versprochen, mich zu nehmen, und ich dachte, ich würde gleich dableiben können; aber sie befahl mir, in der nächsten Woche zu kommen, und sie wohnt so weit, ich bin ganz abgemattet, und auch das Kind ist so geschwächt. Gott sei Lob, dass die Wirtin Mitleid hat – sie hält uns um Christi willen im Quartier, sonst wüsste ich nicht, wie zu leben."

Awdejewitsch seufzte und sagte: „Du hast wohl auch keine warme Kleidung?"

„Wie sollte ich warme Kleidung haben, Väterchen. Gestern musste ich das letzte Tuch für einen Dwugriwennyj (20 Kopeken) versetzen."

Sie ging zum Bett und nahm das Kind. Awdejewitsch stand auf und holte von der Wand einen alten Halbrock. „Nimm", sagte er. „Zwar ist es ein schlechtes Stück, aber zum Einwickeln wird es noch taugen."

Das Weib sah auf das Kleidungsstück und auf den Alten, nahm den Halbrock und weinte. Awdejewitsch duckte sich auf die Diele, schob den Kasten unter dem Bett vor, wühlte darin und setzte sich wieder zu dem Weibe.

„Christus beschütze dich", hub sie an. „Er hat mich wohl an dein Fenster geschickt, Väterchen. Ohne dich würde mein Kind erfroren sein. Als ich fortging, war es warm, und jetzt ist die Kälte gekommen. Er, der Herr, hat dich gelehrt, durch das Fenster zu blicken und mit mir Elenden Mitleid zu haben."

Lächelnd entgegnete Awdejewitsch: „Er hat es mich gelehrt, gute Frau. Nicht, um den Tag dem lieben Herrgott zu stehlen, blicke ich durch das Fenster." Und Martyn erzählte auch der Soldatenfrau seinen Traum: wie er die Stimme gehört und der Herr versprochen, noch heut zu ihm zu kommen.

„Es kann so geschehen", meinte das Weib, stand auf, nahm den Halbrock, wickelte das Kind darin ein, verbeugte sich zum Dank, und immer wieder dankte sie.

„Nimm um Christi willen", sagte Awdejewitsch und reichte ihr, damit sie das Tuch einlöse, einen Dwugriwennyj. Sie bekreuzte sich, auch Awdejewitsch bekreuzte sich und geleitete sie hinaus.

Als das Weib gegangen war, aß Awdejewitsch seine Kohlsuppe, räumte ab und setzte sich wieder zur Arbeit. Und während der Arbeit denkt er immer an das Fenster. Wie es zu dunkeln beginnt, späht er hinaus, wer wohl vorüberginge. Bekannte und Fremde gingen vorüber – nichts Besonderes war dabei. Jetzt bleibt gerade vor seinem Fenster ein altes Hökerweib stehen. Sie trägt einen Korb mit Äpfeln, es waren nur wenig geblieben, sie hatte fast alle verkauft; über die Schulter hängt ihr ein Sack mit Spänen – wahrscheinlich hatte sie dieselben auf einem Bau gesammelt – , und nun geht sie nach Hause. Aber der Sack drückte ihr wohl die Schulter ab, sie wollte ihn über die andere Schulter hängen, weshalb sie ihn auf das Trottoir niederließ; auch den Korb mit den Äpfeln setzte sie ab und schüttelte die Späne im Sack. Währenddes rannte ein Junge mit zerrissener Mütze herbei, griff aus dem Korb einen Apfel und wollte fortlaufen. Die Alte bemerkt ihn, dreht sich um und fasst den Jungen am Ärmel. Der Junge duckt sich, will entschlüpfen, die Alte aber packt ihn fester, wirft ihm die Mütze ab, zaust ihn am Haar. Der Junge schreit, das Weib schimpft.

Awdejewitsch hatte nicht Zeit, die Ahle einzustecken, er wirft sie auf die Diele und springt zur Tür hinaus, wobei er stolpert, sodass die Brille abfällt. Wie er auf die Straße kommt, hat die Hökerin den Jungen gerade am Schopf, sie schimpft und will ihn zur Polizei führen.

Der Junge müht sich aus Leibeskräften, um loszukommen. „Ich habe nichts genommen", plärrt er. „Weshalb schlägst du mich? Lass mich los."

Awdejewitsch versucht, sie auseinanderzubringen, er fasst den Jungen bei der Hand und sagt: „Lass ihn, Mütterchen, verzeihe ihm um Christi willen."

„Ich werde ihm so verzeihen, dass er's braun und blau haben soll. Der Lümmel muss auf die Polizei."

Awdejewitsch bat: „Lass ihn laufen. Mütterchen, er wird's in Zukunft nicht wieder tun. Gib ihn frei um Christi willen."

Die Alte ließ ab, der Junge wollte sich fortmachen, aber Awdejewitsch hielt ihn zurück.

„Bitte das Mütterchen um Verzeihung und künftig tu's nicht wieder. Ich habe gesehen, wie du den Apfel genommen hast."

Der Junge weinte und bat um Verzeihung.

„So ist's recht, hier hast du einen Apfel."

Und Awdejewitsch nahm aus dem Korb einen Apfel und gab ihn dem Jungen.

„Ich werd ihn dir bezahlen", sagte er dabei.

„Verwöhnst sie, diese Taugenichtse", rief die Alte. „Man muss ihn so belohnen, dass er eine Woche lang nicht sitzen kann."

„Eh Mütterchen, Mütterchen, so würde es sein, wenn es nach uns ginge. Aber nach Gottes Willen ist es nicht so. Was sollte wohl, wenn man ihm wegen eines Apfels die Rute gäbe, mit uns geschehen für unsere Sünden?"

Und er erzählte der Alten das Gleichnis, wie der Gutsherr dem Zinsbauern die ganze Schuld erließ, und der Zinsbauer ging hin und begann, seinen Schuldner zu würgen. Die Alte horchte auf, auch der Junge hörte zu.

„Gott befahl, zu vergeben", sagte Awdejewitsch, „sonst wird auch uns nicht vergeben werden. Allen muss man verzeihen, und dem Unvernünftigen umso mehr."

Die Alte nickte und seufzte: „Ja, ja, aber sie sind zu unbändig geworden."

„So müssen wir, Alte, sie belehren."

„Auch ich sage ja so. Hatte selbst sieben Kinder – nur eine Tochter ist mir geblieben." Die Alte erzählte, wo und wie sie bei ihrer Tochter lebt, wie viele

Enkel sie hat. „Wenn ich auch nicht mehr viel Kraft habe, so mühe ich mich doch noch ab. Die Enkel tun einem leid, es sind gute Kinder; so herzig wie sie ist keiner zu mir. Besonders Akßjutka lässt gar nicht von mir ab, Großmutter, traute Großmutter ...“ Die Alte wurde ganz weich. „Es ist ja nur eine Kinderei mit dem Jungen da. Gott mit ihm.“

Bei diesen Worten wirft sie den Sack über die Schulter. Der Junge springt herzu und sagt: „Lass mich den Korb tragen, Großmütterchen, wir haben denselben Weg.“

Nebeneinander gingen sie jetzt auf der Straße. Die Alte hatte vergessen, das Geld für den Apfel zu fordern. Awdejewitsch sah ihnen nach und hörte, wie sie zusammen sprachen.

Als sie fortgegangen waren, kehrte Awdejewitsch zurück, fand die Brille auf der Treppe nicht zerbrochen, nahm die Ahle und setzte sich wieder an seine Arbeit. Er arbeitete ein wenig, die Dunkelheit hatte sich schon recht bemerklich gemacht. Der Anstecker ging vorüber und steckte die Laterne an. Es ist Zeit, Licht anzuzünden, dachte Awdejewitsch, machte sein Lämpchen zurecht, hing es auf und arbeitete wieder. Einen Stiefel machte er fertig, beguckte ihn von allen Seiten und sah, dass er gut war. Er legte seine Instrumente zusammen, fegte aus, stellte die Lampe auf den Tisch und holte vom Regal das Evangelium.

Wo er gestern einen Saffianschnitzel eingelegt hatte, wollte er das Buch aufmachen, aber es schlug sich an einer anderen Stelle auf. Und wie das heilige Buch aufgeschlagen vor ihm lag, entsann er sich des gestrigen Traumes. Und da war es ihm plötzlich, als höre er hinter sich Schritte. Er schaut sich um und sieht: Menschen stehen in der dunklen Ecke, aber er vermag sie nicht zu erkennen. Und eine Stimme flüstert ihm ins Ohr: „Martyn, Martyn! Hast du mich nicht erkannt?“

„Wen?“, fragte Awdejewitsch.

„Mich“, sagte die Stimme. „Ich bin es.“ Und es trat aus der dunklen Ecke Stepanitsch – er lächelte und zerrann wie ein Wölkchen. „Das bin ich auch“, sagte die Stimme, und aus der dunklen Ecke trat das Weib mit dem Kindchen – das Weib lächelte und zerrann wie ein Wölkchen.

„Das bin ich auch", sagte die Stimme, und es näherte sich die Alte mit dem Knaben – der Knabe hielt den Apfel, beide lächelten und verschwanden.

Fröhlich war es Awdejewitsch auf der Seele, er bekreuzte sich, setzte die Brille auf und las im Evangelium, wo es aufgeschlagen war. Oben auf der Seite las er Matthäus 25: Denn ich bin hungrig gewesen, und ihr habt mich gespeiset. Ich bin durstig gewesen, und ihr habt mich getränket. Ich bin ein Gast gewesen, und ihr habt mich beherberget. Und unten auf der Seite las er noch: Wahrlich, ich sage euch: Was ihr getan habt einem unter diesen meinen geringsten Brüdern, das habt ihr mir getan. Und Awdejewitsch begriff, dass der Traum ihn nicht betrogen, dass zu ihm an diesem Tage sein Heiland gekommen war und er ihn empfangen hatte.

# Gott ist anders

BIANKA BLEIER

Was mache ich, wenn Gott nicht meinen Erwartungen entspricht? Wenn ich ihm dort begegne, wo ich ihn nicht erwartet habe? Anders, als ich ihn mir vorgestellt habe? Suche ich weiter nach dem Bild, das ich mir von ihm gemacht habe? Oder lasse ich mich von Gott ent-täuschen? Traue ich ihm zu, mich zu überraschen? Mich zu beschenken? Gehe ich den Weg zu Ende, den mich mein Stern führt – oder kehre ich vorher enttäuscht um? Weihnachten ist, wenn Gott mir meine falschen Gottesvorstellungen nehmen darf.

Nichts wäre für Gott standesgemäßer als in Herrlichkeit zu erscheinen. Das wäre für Gott nichts Besonderes. Aber gerade darin kommt uns Gott so nah, dass er als kleiner, schwacher Säugling zur Welt kam. Dass er so selten unseren Vorstellungen entspricht, dass er lieber überrascht. Er macht sich klein und unspektakulär, um in die Niederungen unseres kleinen, unspektakulären Alltags zu passen. Passt Gott in meinen Erwartungshorizont?

Jesus ist gekommen als Kind – wenn ich ehrlich bin, ist vielleicht gerade das mein Problem, mich alle Jahre wieder neu auf Weihnachten einzulassen. Es fällt mir nicht leicht, den Schöpfer des Weltalls als ein unscheinbares orientalisches Neugeborenes zu begreifen. Ich bin mit diesem Bild von dem Kind im Stall aufgewachsen und vertraut. Aber passt dieser heruntergekommene Gott wirklich in mein Weltbild, in mein Gottesbild? Mensch gewordener Schöpfer des Weltalls – glaube ich wirklich, dass sich Gottes Sohn in die Geschichte meines Lebens einmischen will?

Der Mensch liebt das Große und Starke. Menschen streben nach oben, nach Anerkennung, Schönheit und Macht. Gott liebt das Kleine und Schwache. Sein Herz strebt nach unten, danach, lieben zu dürfen, schenken zu dürfen, zu helfen, aufzurichten und nach Hause zu bringen. Liebevoll beugt er sich zu uns herab, um uns zu begegnen. Lasse ich die Schutzmauern fallen, die ich im Lauf meines Lebens um mein Herz gebaut habe?

# Quellenverzeichnis

Bianka Bleier: Unterwegs / dies.: Weihnachtsstimmung / dies.: Gott ist anders, zuvor erschienen in: dies.: Weihnachten feiern, © 2008/2012 SCM Verlag in der SCM Verlagsgruppe GmbH, Holzgerlingen.

Albrecht Binetsch: Wem die Hirten in der Christnacht begegneten, © beim Autor.

Simone Ehrhardt: Das Parfüm, in: dies.: Das wundersame Weihnachgeschenk, © 2011 SCM Verlag in der SCM Verlagsgruppe GmbH, Holzgerlingen.

Albrecht Gralle: Die wunderbaren Schaufenster, zuvor erschienen in: ders.: Josef steigt aus. Wuppertal/Kassel: Oncken Verlag, 1998, © SCM Verlagsgruppe GmbH, Holzgerlingen.

Johannes Hildebrandt: Das Wichtigste an Weihnachten, © 2007/2023 SCM R. Brockhaus in der SCM Verlagsgruppe GmbH, Holzgerlingen.

Cornelius van der Horst: Der Legionär und die Heiligen Drei Könige, in: Vor der langen Zeit. Erzählungen zur Weihnacht aus Europa, Afrika, Amerika, hg. Jörg Hildebrandt. Berlin: Evangelische Verlagsanstalt, 1968, © Evangelische Verlagsanstalt GmbH, Leipzig.

Theodor Leonhard: So war das mit den Engeln, © beim Autor.

Kurt Marti: „Weihnachten", in: ders.: Dorfgeschichten. München: Luchterhand Literaturverlag, 1983, © Penguin Random House Verlagsgruppe GmbH.

Dietrich Mendt: Der Nachweihnachtsengel, © beim Autor.

Kurt H. Möller: Raachermannels großer Tag / ders.: Advent heißt Ankunft, zuvor erschienen in: ders.: Ein Engel im Pelzmantel, © 2015 SCM Verlag in der SCM Verlagsgruppe GmbH, Holzgerlingen.

Josef Reding: Als ob die Hirten einen anderen Herrn hätten, in: ders.: Kein Platz in kostbaren Krippen. Weihnachtsgeschichten für unsere Zeit. Recklinghausen: Georg Bitter Verlag / Kevelaer: Butzon und Bercker, 2000, © Adruckgenehmigung erteilt von Frau Rosemarie Reding.

Werner Reiser: Vom Engel, der nicht mitsingen wollte, in: ders.: Vom Engel, der nicht mitsingen wollte und andere Geschichten. Gießen: Brunnen Verlag GmbH, 2006.

Werner Reiser: Die vertauschten Stäbe, © beim Autor.

Margret Rettich: Die Geschichte vom Weihnachtsbraten, in: Margret Rettich: Wirklich wahre Weihnachtsgeschichten, © Carl Ueberreuter Verlag, Wien 2001.

Wieland Schmid: Vier Adventskränze zu viel, © beim Autor.

Ruth Schmidt-Mumm: Wie man zum Engel wird, in: Die schönsten Weihnachtsgeschichten am Kamin, hg. von Ursula Richter. Hamburg: Rowohlt Verlag GmbH, 1998.

Andrea Schneider: Der Bergmann und der Engel / dies.: Eine himmlische Konferenz, zuvor erschienen in: dies.: Berührt vom Weihnachtswunder, © 2014 SCM Verlag in der SCM Verlagsgruppe GmbH, Holzgerlingen.